MCT 标准教程 一级·下

总 策 划：马箭飞　胡志平

总 监 制：宋永波

策　　划：何　薇　胡自远

监　　制：邵亦鹏　李佩泽

总 主 编：骆　琳　李　聪　黄　蕾

主　　编：骆　琳　牛长伟

副 主 编：李　莹　骆攀玉　陈　滢　解妮妮

参编人员（按音序排列）：

　　　　白冰冰　陈　滢　黄　蕾　李佩泽　李群锋　李　莹

　　　　刘小龙　骆　琳　骆攀玉　马小乐　牛长伟　王　文

　　　　王亚男　解妮妮　于　艳　赵　璇

医学中文水平考试系列教材

MCT
标准教程

总主编　骆　琳　李　璁　黄　蕾

主　编　骆　琳　牛长伟
副主编　李　莹　骆攀玉　陈　滢
　　　　解妮妮

一级·下

北京语言大学出版社
BEIJING LANGUAGE AND CULTURE
UNIVERSITY PRESS

© 2024 北京语言大学出版社，社图号 24056

图书在版编目（CIP）数据

MCT 标准教程．一级．下 / 骆琳，牛长伟主编；李
莹等副主编． —— 北京：北京语言大学出版社，2024.4
医学中文水平考试系列教材 / 骆琳，李骢，黄蕾总
主编
ISBN 978-7-5619-6554-2

I. ①M… II. ①骆… ②牛… ③李… III. ①汉语-
对外汉语教学-水平考试-教材 IV. ①H195.4

中国国家版本馆 CIP 数据核字 (2024) 第 066380 号

MCT 标准教程　一级·下
MCT BIAOZHUN JIAOCHENG　YI JI·XIA

版式设计：邱　彬
排版制作：北京青侣文化创意设计有限公司
部分图片供稿：视觉中国
责任印制：周　焱

出版发行：北京语言大学出版社
社　　址：北京市海淀区学院路 15 号，100083
网　　址：www.blcup.com
电子信箱：service@blcup.com
电　　话：编辑部　　　8610-82303395
　　　　　国内发行　　8610-82303650/3591/3648
　　　　　海外发行　　8610-82303365/3080/3668
　　　　　北语书店　　8610-82303653
　　　　　网购咨询　　8610-82303908
印　　刷：天津画中画印刷有限公司

版　　次：2024 年 4 月第 1 版　　　印　　次：2024 年 4 月第 1 次印刷
开　　本：889 毫米 × 1194 毫米　1/16　　印　　张：13.75
字　　数：186 千字
定　　价：89.00 元

编写说明

近年来，我国医学教育事业快速发展，形成了多层次、多规格的医学教育体系，国际认可度不断提升。医学已经成为来华留学最热门、学生人数最多、规模最大的专业之一。为满足医学专业留学生在专业学习和临床实习过程中运用中文进行交际的需求，切实提升来华留学医学教育质量，教育部中外语言交流合作中心和汉考国际联合国内重点医学院校从事医学中文教学的专家学者和一线教师，共同研发了医学中文水平考试（MCT）。2019 年 12 月，MCT 正式开考。2020 年 11 月，《医学汉语水平考试（MCT）大纲》（以下简称《大纲》）正式出版。2021 年 3 月，《国际中文教育中文水平等级标准》（GF 0025—2021）（以下简称《等级标准》）发布，并于 2021 年 7 月 1 日起正式实施。

为提升国际中文教育和中国职业教育的全球适应性，进一步推动我国医学国际教育事业的发展，满足医学中文的教学需求，完善医学中文资源开发，服务医学中文水平测评，我们在深入贯彻"考教结合""以考促教""以考促学"理念的基础上，结合医学中文一线教学实际，以《大纲》和《等级标准》为依据，编写了这套《MCT 标准教程》（以下简称《教程》）。

一、教材定位

结合《大纲》要求，对标《等级标准》，《教程》主要面向通用中文水平基本达到 HSK 三级的医学专业来华留学生、在海外使用中文进行医学专业学习的学生，以及使用中文进行临床诊疗的中文非第一语言的医护人员等，重点培养学习者在医学 / 医疗场景中与患者、医护人员等用中文进行交际的能力。

二、编写理念

1. 以医学内容为依托，坚持标准化、数字化原则，融通专业性与通用性

《教程》在编写上，依据《大纲》和《等级标准》进行教学目标设定与教学内容选取。教材内容既契合医学中文教学和临床实践的实际情况，切实做到好教、好学、好用；又充

分运用现代医学各方面的优质资源和现代教育技术，能够满足线上、线下等不同的教学需求，提升实践性与操作性，增强课堂临床医学实践的代入感。教学内容兼顾医学专业表达与通用中文学习，生词选取兼顾医学词汇和通用词汇（《等级标准》三级以上），配以医学常用表达和通用语法［《等级标准》三级（含部分）以上］，让学习者在学习医学词汇和医学表达的同时，适时补充通用词汇和语法。

2. 以学习者为中心，以任务为导向，综合培养听、说、读、写技能

《教程》以任务型教学理念为指引、以临床实践任务为主线设计编排教学内容，将任务与话题、情境、功能、结构相结合，由易到难设置梯度，分级体现，循环复现，螺旋上升。《教程》注重医学情境下的探究型任务活动设计，遵循交际互动、有趣有益的原则，引导学习者主动参与、积极完成医学情境下的中文交际任务，激发学习者的学习主动性，让其在与教师、同伴的交流合作中自主完成知识体系的建构，并在任务活动中综合进行听、说、读、写各项技能训练，培养学习者的综合技能。

3. 注重医德培养，体现育人育才的教学理念

《教程》将医学科技进步、医德医风培养、传统医学发展、健康知识和中国国情介绍等内容融入其中，帮助学习者拓宽医学视野，提升人文素养，并激发其深入了解中国的兴趣。

4. 突出医学中文的特点，契合 MCT 理念，实现"考教结合"

《教程》以《大纲》中的"等级标准"为纲，全方位对接 MCT 考试内容、考试形式及等级要求，制定能力培养目标。《教程》基本上覆盖了《大纲》要求的所有话题、任务和医学专业词汇，将《教程》的"教"与《大纲》的"考"逐级匹配，实现"考教结合"，更好地服务于学习者。

三、教材特色

1. 层层递进，逐级匹配

MCT 根据医学专业词汇的常用程度分级，共分三个等级，其中 MCT 一级要求掌握的医学专业词汇量为 400 个左右，MCT 二级为 800 个左右，MCT 三级为 1500 个左右，并分别对三个等级要求达到的医学中文能力进行了总体描述和听、说、读、写分项描述。《教程》难度设计与 MCT 等级相匹配，按照语言难度及能力标准层层递进，逐级编写。

《教程》共分一级、二级、三级三个级别，每个级别分上、下两册，共六册。每册10课，共60课。每课建议用6～8课时完成，总教学课时数为360～480。学习者学完《教程·一级》后可以达到MCT一级的水平，学完《教程·二级》后可以达到MCT二级的水平，依此类推。

2. 题型丰富，以学适考

《教程》每课均设有主题热身、任务学习（准备、示例、活动）、任务操练（实践、练习）、拓展学习和自我评估五个部分，并在学习全程开展听、说、读、写各项技能训练。听力、阅读、写作练习的题型与MCT题型一致，练习内容以当课内容为主，目的是让学习者在平时的学习中逐步熟悉并适应MCT。

3. 科室场景齐全，图文并茂

《教程》以《大纲》的"等级标准"为经，以常见医学交际场景、典型病例为纬，每个级别的教材内容均覆盖内科、外科、妇科、儿科四个主干临床学科，同时兼顾眼科、耳鼻喉科、口腔科、皮肤科、传染科等科室。不同级别的教材内容侧重点不同，一级侧重疾病的症状描述与诊断，二级侧重疾病的诊断与治疗，三级侧重对疾病病理机制的探讨。

以下为《教程》各个级别的内容安排：

分册及课号		《教程·一级》	《教程·二级》	《教程·三级》
上册	第一课	呼吸内科	消化内科	呼吸内科
	第二课	呼吸内科	肾内科	肾内科
	第三课	消化内科	呼吸内科	神经内科
	第四课	内分泌科	神经内科	神经外科
	第五课	骨科	肝胆外科	妇科
	第六课	胃肠外科	甲状腺乳腺外科	产科
	第七课	肝胆外科	骨科	新生儿科
	第八课	妇科	心血管外科	儿科
	第九课	口腔科	生殖科	免疫科
	第十课	眼科	口腔科	大病医保

分册及课号		《教程·一级》	《教程·二级》	《教程·三级》
下册	第十一课	心脏内科	神经内科	心脏内科
	第十二课	内分泌科	心血管内科	血液科
	第十三课	神经内科	血液科	皮肤性病科 / 传染科
	第十四课	肾内科	神经外科	消化外科
	第十五课	胸外科	普通外科	耳鼻喉科 / 肿瘤科
	第十六课	神经外科	急诊外科	妇科
	第十七课	传染科	甲状腺乳腺外科	产科
	第十八课	产科	产科	新生儿科
	第十九课	儿科	儿科	儿科
	第二十课	耳鼻喉科	眼科	人文关怀

　　《教程》课文内容主要涉及医院基本情况和就医流程，常见疾病的症状、体征，常规检查和诊疗操作，课文表述注重语言的规范性与专业性。《教程》结合医学中文教学的特点，将疾病的症状描述、诊疗项目的介绍等以图片方式呈现出来，使教学过程更为生动、直观、形象，可以有效激发学习者的学习兴趣，提高学习效率。

　　在《教程》的策划和出版过程中，编写组多次讨论，反复修改，力求为广大教师提供教学支持，让学习者快速、高效地习得医学中文。《教程》在编写过程中既有医生团队给予专业指导，也有多位医学中文教学专家进行把关；然而作为一套医学教学专用的中文教材，内容需要尽量覆盖医学全场景和临床全流程，内容专业而庞杂，难免有错漏之处，恳请读者批评指正，以便我们进一步修订完善。

编者

2023 年 1 月

目　录

第十一课
一激动，胸口就开始疼了

主题热身

一、给下列词语选择对应的图片

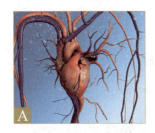
A

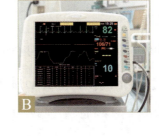
B

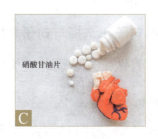
硝酸甘油片
C

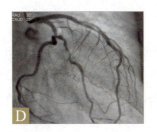
D

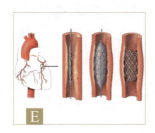
E

F

1. 心绞痛_____

2. 造影_____

3. 冠脉支架植入术_____

4. 心血管_____

5. 心电监护_____

6. 硝酸甘油_____

二、听对话，选择正确答案

1. "三高"指的是什么？

  A. 高血压、高血脂、高血糖   B. 高血压、高尿酸、高血糖

  C. 高血压、高血脂、高血钾

2. 爸爸哪里不舒服？

  A. 头疼   B. 胸口疼   C. 腿疼

3. 爸爸的血压是多少？

  A. 120 / 80   B. 140 / 80   C. 150 / 100

扫描二维码，获取
听力音频

·1·

 **任务学习**

任务一　冠心病病人的问诊

✚ 准备

语言点　条件复句：只有 A，才 B

🎙 **读一读**

读句子，选择与句子意思一致的一项

只有做了冠状动脉造影，才可以明确冠状动脉病变的严重程度。

A. 只要做了冠状动脉造影，就可以明确冠状动脉病变的严重程度

B. 如果想明确冠状动脉病变的严重程度，就必须做冠状动脉造影

C. 不做冠状动脉造影也能明确冠状动脉病变的严重程度

📖 **学一学**

　　"只有 A，才 B"是条件复句，前一分句提供条件 A，后一分句说明结果 B，其中条件 A 是出现结果 B 的必要条件。

例句	（1）只有报了名，才能参加这个活动。 （2）只有多听多说，才能学好汉语。

"只有 A，才 B"和"只要 A，就 B"

辨析	两个都是条件复句。"只有 A，才 B"中的条件 A 是出现结果 B 的必要条件，强调若想出现结果 B，条件 A 就不能缺少。"只要 A，就 B"中的条件 A 是出现结果 B 的充分条件，强调有了条件 A，结果 B 就一定会出现。

| 例句 | （1）只有他同意了，（你）才能去。
（2）只要他同意了，（你）就能去。 |

连词"只有"和动词性短语"只（副词）+ 有（动词）"

| 辨析 | "只有"做连词时，常跟"才"一起使用，构成条件复句；"只有"做"只（副词）+ 有（动词）"理解时，表示"仅有"。 |

| 例句 | （1）只有考试结束了，（大家）才能离开考场。
（2）教室里只有一个人。 |

☑ **练一练**

用条件复句"只有 A，才 B"和"只要 A，就 B"完成句子

（1）只有完成了今天的作业，_____。

（2）_____，才能学好汉语。

（3）只要经历过这种事情，_____。

（4）_____，他就会来帮你。

示例

- ➕ 科室：心血管内科（门诊）
- ➕ 医生：李慧
- ➕ 患者：王勇
- ➕ 患者家属：王莉

扫描二维码，获取
课文和生词音频

李慧：您好！您哪儿不舒服？

王勇：大夫，我胸口疼。

李慧：从什么时候开始的？疼了多长时间？

王勇：从一个小时前开始的，疼了大概
　　　一刻钟。

王莉：今天早上 8 点，我的研究生入学
　　　考试成绩出来了，考得不错。我

生　词

1. 胸口　xiōngkǒu　*n.* chest

2. 研究生　yánjiūshēng　*n.* postgraduate

3. 入学　rùxué　*v.* to enroll in (a university)

爸听到这个消息，一激动，胸口就开始疼了。

李慧：您有什么病史吗？

王勇：我有"三高"。

王莉：来之前我给我爸量了血压，高压150，低压100。

李慧：来之前有没有吃什么药？

王勇：就含服[1]了一片硝酸甘油。

李慧：您以前有过这种情况吗？

王勇：没有。只是累的时候，会感觉胸口有点儿闷。

李慧：您的家人身体怎么样？

王勇：我父亲有先天性心脏病，母亲有心绞痛。

李慧：您的身高和体重是多少？

王勇：我1.75米，95公斤。

李慧：平时的饮食情况呢？

王莉：我爸平时喜欢吃重油重盐的食物，还抽烟喝酒。

李慧：您先去做血常规、血脂六项、心电图和心脏彩超这几项检查。

王勇：好的。

④ 激动 jīdòng *adj./v.* excited; to excite

⑤ 之前 zhīqián *n.* precedent
⑥ 量 liáng *v.* to measure, to check
⑦ 血压 xuèyā *n.* blood pressure
⑧ 含服 hánfú *v.* to suck and not swallow
⑨ 硝酸甘油 xiāosuān gānyóu *n.* nitroglycerin

⑩ 闷 mēn *adj.* stuffy, tight

⑪ 先天性 xiāntiānxìng *n.* innateness
⑫ 心脏病 xīnzàngbìng *n.* heart disease
　心脏 xīnzàng *n.* heart
⑬ 心绞痛 xīnjiǎotòng *n.* angina pectoris

⑭ 重油重盐 zhòng yóu zhòng yán highly salty and oily (for diet)
　盐 yán *n.* salt
⑮ 血脂 xuèzhī *n.* blood fat
⑯ 心电图 xīndiàntú *n.* electrocardiogram
⑰ 彩超 cǎichāo *n.* color ultrasound

（两个小时后）

王莉：医生，这是我爸的检查结果。

李慧：您的胆固醇和甘油三酯都偏高。您做心电图的时候，胸口疼不疼？

王勇：有点儿疼。

李慧：您的心电图检查结果是窦性心律、心肌缺血。结合病史及症状，您得的很可能是冠状动脉粥样硬化性心脏病，也就是冠心病。但只有做了冠状动脉造影，才可以明确冠状动脉病变的严重程度，才能决定如何进一步治疗。

⑱ 甘油三酯　gānyóusānzhǐ
 n.　triglyceride
⑲ 窦性心律　dòuxìng xīnlǜ
 sinus rhythm
 心律　xīnlǜ　*n.*
 heart rhythm
⑳ 心肌　xīnjī　*n.*
 cardiac muscle
㉑ 缺血　quēxuè　*v.*
 to suffer from ischemia
㉒ 及　jí　*conj.*　and
㉓ 冠状动脉（冠脉）
 guānzhuàngdòngmài　*n.*
 coronary artery
 动脉　dòngmài　*n.*　artery
㉔ 粥样硬化　zhōuyàng
 yìnghuà　atherosis
㉕ 冠心病　guānxīnbìng　*n.*
 coronary heart disease
㉖ 造影　zàoyǐng　*v.*
 to make a radiography
㉗ 明确　míngquè　*v./adj.*
 to make clear; explicit
㉘ 程度　chéngdù　*n.*　level,
 degree

Note：

1. 含服：口服用药方法的一种。常见的口服用药方法还有吞服（tūnfú, to swallow）和冲服（chōngfú, to take medicine after mixing it with water）。除了口服用药外，还有注射、雾化吸入等用药方法。

活动

答一答

（1）王勇有什么家族病史？

（2）王勇需要做哪些检查？

说一说

小组讨论：冠心病患者需要做哪些检查？讨论后请在下面对应的词语前面画"√"。如果还有别的检查，请写在后面。

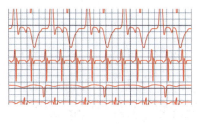
☐　心电图

☐　尿常规

☐　血常规

☐　心脏彩超

☐　心脏造影

☐　量血压

其他检查：＿＿＿＿＿＿＿＿＿＿＿＿＿＿＿＿＿＿＿＿＿＿＿＿＿＿

读一读

读血脂六项检验报告单，判断正误

××医院检验报告单

姓名：王勇　　　　性别：男　　　　年龄：56　　　病人 ID：240942

标本种类：血清　　　　　　　　　开单科室：心血管内科（门）

代号	检验项目	检验结果	提示	参考范围	单位
TG	甘油三酯	2.12	↑	0.4～1.88	mmol／L
TCHOL	总胆固醇	6.36	↑	2.8～5.7	mmol／L
HDL-C	高密度脂蛋白胆固醇	1.80		0.83～1.91	mmol／L
LDL-C	低密度脂蛋白胆固醇	4.32	↑	0～3.15	mmol／L
APOA1	载脂蛋白 A1	1.28		1～1.5	g／L
APOB	载脂蛋白 B	0.93		0.6～1.14	g／L

（1）患者甘油三酯偏高。　　　　　　　　　　　　　　　（　　）

（2）患者高密度脂蛋白胆固醇是 4.32 mmol／L。　　　　（　　）

（3）患者载脂蛋白 A1 正常。　　　　　　　　　　　　　（　　）

任务二 疾病介绍：心肌梗死

📦 准备

语言点 递进复句：不仅……，而且/还……

🎙 读一读

读句子，选择与句子意思一致的一项

吸烟不仅会让血管变硬，还会导致血管收缩，增加心梗风险。

A. 吸烟不会让血管变硬，只会导致血管收缩，增加心梗风险

B. 吸烟只会让血管变硬，不会导致血管收缩，增加心梗风险

C. 吸烟会让血管变硬，更严重的是，还会导致血管收缩，增加心梗风险

📖 学一学

"不仅……，而且/还……"是递进复句，后句所表达的意思比前句更进一层。当前句和后句主语相同时，"不仅"多放在主语之后；当前句和后句主语不同时，"不仅"多放在主语之前。常见的递进复句还有"不但/不光……，而且/还……"。

> **例句**
> （1）明天不仅温度低，还会下大雪。
> （2）他不光汉语说得好，而且英语也不错。
> （3）这场晚会，不仅学生们都参加了，而且老师们也都参加了。

✅ 练一练

用递进复句"不仅/不但/不光……，而且/还……"完成句子

（1）这个公园_____。

（2）这个任务_____。

（3）_____，_____参加了这场比赛。

➕ 示例

扫描二维码，获取
课文和生词音频

心肌梗死，简称"心梗"，是冠状动脉急性、持续性缺血缺氧引起的心肌坏死，是严重危害人类健康的心血管疾病之一。发生心梗的病人，在临床上多有剧烈而持久的胸骨后疼痛，伴有白细胞增高、血清心肌酶升高和进行性心电图变化，严重时还会有猝死风险。

很多人认为心梗是老年病，但事实上，近些年来心梗出现了年轻化趋势。那么，哪些人群容易得心梗呢？首先是"三高"人群。"三高"指的是高血压、高血糖和高血脂。这类人群血液比较黏稠，血管容易堵塞，发生心梗的风险非

生 词

① 心肌梗死（心梗）xīnjī gěngsǐ myocardial infarction
② 坏死 huàisǐ *v.*
to cause necrosis
③ 危害 wēihài *v./n.*
to do harm to; harm
④ 心血管 xīnxuèguǎn *n.*
cardiovascular
血管 xuèguǎn *n.* blood vessel
⑤ 持久 chíjiǔ *adj.* lasting, enduring
⑥ 胸骨 xiōnggǔ *n.*
sternum
⑦ 血清 xuèqīng *n.* serum
⑧ 心肌酶 xīnjīméi *n.*
myocardial enzyme
⑨ 升高 shēnggāo *v.* to go up, to rise
⑩ 猝死 cùsǐ *v.*
to die suddenly
⑪ 趋势 qūshì *n.*
trend, tendency
⑫ 黏稠 niánchóu *adj.*
sticky and thick
⑬ 堵塞 dǔsè *v.*
to block up, to stop up

常高。其次是吸烟人群。吸烟不仅会让血管变硬，还会导致血管收缩，增加心梗风险。最后是经常熬夜的人群。年轻人工作压力大，生活没有规律，这种生活方式往往会让人精神紧张，从而诱发心梗。

心梗的治疗主要在于"疏通"血管。如果患者在发生心梗后，能及时使用溶栓类药物进行治疗，就可以较好地控制病情。但如果冠脉血管严重堵塞，就需要进行冠脉支架植入术来打通狭窄的冠脉，让血流恢复畅通。另外，术后还要对患者进行持续的心电监护，及时了解其[1]生命体征，帮助患者平稳度过危险期。

⑭	吸烟	xīyān　*v.*　to smoke
⑮	精神	jīngshén　*n.*　mind
⑯	从而	cóng'ér　*conj.* thus, thereby
⑰	在于	zàiyú　*v.*　to lie in
⑱	疏通	shūtōng　*v.* to dredge, to unchoke
⑲	溶栓	róngshuān　*v.* to perform thrombolytic therapy
⑳	冠脉支架植入术	guānmài zhījià zhírùshù coronary stent implantation
㉑	打通	dǎtōng　*v.*　to open up
㉒	狭窄	xiázhǎi　*adj.*　narrow
㉓	血流	xuèliú　*n.* blood stream
㉔	畅通	chàngtōng　*adj.* unblocked
㉕	心电监护	xīndiàn jiānhù electrocardiogram monitoring
	监护	jiānhù　*v.*　to observe, to monitor
㉖	了解	liǎojiě　*v.*　to understand
㉗	其	qí　*pron.*　his (her, its, their)
㉘	生命体征	shēngmìng tǐzhēng　*n.*　vital sign
	体征	tǐzhēng　*n.* bodily sign
㉙	平稳	píngwěn　*adj.*　steady
㉚	度过	dùguò　*v.*　to spend, to pass (the time)

Note：

1. 其：做第三人称代词时，一般用于书面语。

📋 活动

💬 答一答

（1）心肌梗死有哪些临床表现？

（2）心肌梗死的治疗方法有哪些？

))) 说一说

小组活动：四人一组，每人轮流以医生的身份向大家介绍心肌梗死，其他三人做好记录。

心肌梗死，简称"心梗"，是严重危害人类健康的心血管疾病之一……

任务操练

实践

两人一组，根据图片场景，使用下列词语，模拟医生对冠心病病人的问诊。

场景提示： 病人因胸痛就诊，医生询问病人症状，给病人做相关检查，并给出治疗建议。

参考词语： 激动　胸痛　呼吸困难　心电图　冠脉支架植入术　心电监护

练习

（一）词语搭配

入学	黏稠	含服	血管
血流	考试	疏通	危险期
心肌	畅通	控制	药物
血液	缺血	度过	病情

（二）选择正确的词语填空

心脏　持续　入学　伴有　堵塞　狭窄　明确　激动

1. 我是去年九月份（　　　）的，今年已经大二了。

2. 高血压和糖尿病是引发血管（　　　）的主要原因。

3.（　　　）是人体最重要的器官之一，它的主要功能是为血液流动（liúdòng，to flow）提供动力（dònglì，power）。

4. 这条路十分（　　　），车辆根本无法通行（tōngxíng，to go through）。

5. 听到这个好消息，他（　　　）得跳了起来。

6. 如果孩子出现（　　　）低烧的症状，父母一定要重视。

7. 根据天气预报，上海市明日将有大到暴雨，并（　　　）大风。

8. 只有（　　　）了学习目标，才能确定（quèdìng，to determine）努力的方向。

（三）组词成句

1. 来　　有没有　　吃　　你　　什么药　　之前

_____

2. 他以前　　出现　　过　　情况　　这种　　没有

_____

3. 很有　　导致　　心梗　　可能　　猝死　　会

_____

4. 老年病　　趋势　　某些　　出现了　　年轻化　　的

_____

5. 已经　　度过了　　病人　　危险期　　平稳地　　那位

_____

（四）用指定词语或结构完成对话

1. A：为什么别人减肥都成功了，而我减了一个月却没有效果呢？

   B：一个月的时间太短了，＿＿＿＿＿＿＿＿＿＿＿＿＿＿＿＿＿。（只有 A，才 B）

2. A：这门课有点儿难，我非常担心期末（qīmò，end of a term）考试会不及格。

   B：别着急，慢慢儿来，＿＿＿＿＿＿＿＿＿＿＿＿＿＿＿＿＿。（只要 A，就 B）

3. A：大夫，我爸得的是心梗吗？应该怎么治疗啊？

   B：心梗的治疗＿＿＿＿＿＿＿＿＿＿＿＿＿＿＿＿＿＿＿。（主要在于）

4. A：照片上这个人是你爸爸吧？他看起来真年轻！

   B：大家都说他看上去不到五十岁，＿＿＿＿＿＿＿＿＿＿＿＿＿＿。（事实上）

5. A：小刘来我们科室（kēshì，clinical department）三个月了，你觉得他怎么样？

   B：我觉得他挺优秀（yōuxiù，excellent）的，＿＿＿＿＿＿＿＿＿＿＿＿＿。

   （不仅……，而且/还……）

（五）阅读语段，选择与语段意思一致的一项

1. 动脉粥样硬化是一种缓慢（huǎnmàn，slow）的进行性疾病，其具体病因还不清楚。但有研究表明，动脉粥样硬化的产生主要与高血压、糖尿病、高脂血症等疾病，以及年龄、吸烟等多种因素有关。目前，现代医学手段还不能治愈这种疾病，只能缓解症状。

   A. 动脉粥样硬化有明确的病因
   B. 年龄是动脉粥样硬化产生的原因之一
   C. 动脉粥样硬化现在能被治愈

2. 近些年来，随着生活节奏的不断加快，年轻人的工作压力越来越大，这也使他们的生活习惯发生了变化，比如爱吸烟、爱喝酒、久坐不动、作息不规律等。这些不良的生活习惯已经严重影响到了他们的健康，使一些老年病逐渐年轻化。对此，年轻人应给予足够的重视，及早改变不良习惯，预防疾病的发生。

   A. 保持良好的生活习惯很难

B. 现在的年轻人很容易生病

C. 年轻人应多关注身体健康

（六）请根据"任务一"中的示例内容，填写以下问诊信息

姓名：

主诉：

....

现病史：

家族史：

既往史：

体格检查：

辅助检查结果：

初步诊断：

治疗意见：

医生签名：

📖 拓展学习

一、词汇

> #### "～状"和"～样"
>
> "状"指物质的形状，前面一般是具有固定形状的物体，如"杵状"指形状像杵的物质。"样"指物质的样子，前面一般是没有固定形状的物体，如"粥样"指看起来像粥一样的物质。
>
> | 易混淆语素 | 医学词汇 |
> | --- | --- |
> | 状 | 冠状动脉、轮状病毒（rotavirus）、舟状腹（scaphoid abdomen） |
> | 样 | 粥样硬化、水样便 |

二、阅读

人体内的"公路网"

人体内的血管就像地面上的公路网，遍布全身，四通八达。血液就像汽车一样，在心脏这个发动机的作用下，将氧气和营养物质运输到各个组织器官，并将组织器官的代谢产物运走。然而，地面上的公路常常会由于突然变窄或车流量突然变大而发生交通堵塞。血管也一样，当某一段血管收缩或有堵塞物时，

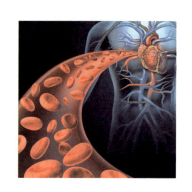

血管管腔就会变窄。当血液变得黏稠时，血流就会变慢，相当于车流量变大，从而发生"交通堵塞"。血管中一旦发生"交通堵塞"，就可能引起心脑血管疾病，严重时还会导致心梗、脑梗。

众所周知，血管的质量直接关系着人的寿命，良好的血管是长寿的关键。人体内任何一根血管出现问题，都会导致所供应的脏器缺血，甚至发生不可逆的损伤，对机体造成伤害。实际上，一根血管发生"交通堵塞"，往往要经历一段很长的时间。比如动脉粥样硬化，一开始动脉管壁内会先出现类似粥样的物质，也就是所谓的"斑块"，它会附着并占据管腔，使管腔变窄，从而引起高血压；同时，高血压又会损伤血管内皮细胞，使血管内皮细胞和平滑肌细胞增生，促使局部产生炎症反应，加速斑块的形成，使动脉粥样硬化变得更为严重。这就形成了恶性循环。有些斑块是不稳定的，随时可能出现破裂并堵塞血管，造成血流中断，导致所供应的心肌或脑组织出现缺血性坏死，这时就会产生急性心肌梗死、脑梗死等致命性后果。

如何才能让自身的血管畅通无阻，不发生"堵车"呢？提前预防最重要。首先应合理饮食，荤素搭配，戒烟限酒，避免暴饮暴食；其次要生活规律，不熬夜，科学锻炼身体，提高机体免疫力；最后还应定期体检，及时掌握血糖、血脂和血压的变化。

（一）重要医学词语

1. 氧气	yǎngqì	*n.*	oxygen
2. 代谢	dàixiè	*v.*	to metabolize
3. 管腔	guǎnqiāng	*n.*	lumen

4. 脑梗	nǎogěng	*n.*	cerebral infarction
5. 寿命	shòumìng	*n.*	life span
6. 不可逆	bùkěnì	*adj.*	irreversible
7. 管壁	guǎnbì	*n.*	(artery) wall
8. 内皮细胞	nèipí xìbāo	*n.*	endothelial cell
9. 平滑肌	pínghuájī	*n.*	smooth muscle
10. 炎症反应	yánzhèng fǎnyìng		inflammatory reaction
11. 恶性	èxìng	*adj.*	malignant
12. 随时	suíshí	*adv.*	any time
13. 破裂	pòliè	*v.*	to rupture
14. 合理	hélǐ	*adj.*	rational
15. 荤	hūn	*n.*	meat or fish
16. 暴饮暴食	bàoyǐn-bàoshí		to be immoderate in eating and drinking

（二）阅读材料，回答问题

1. 血管内为什么会发生"交通堵塞"？

_____

_____

_____

2. 如何预防血管内"堵车"？

_____

_____

_____

自我评估

一、生词知多少

你认识下列词语吗？如果认识，请在词语前的"□"里画"√"；如果不认识，请再复习复习。

□ 胸口	□ 含服	□ 硝酸甘油	□ 先天性
□ 心脏	□ 心绞痛	□ 心电图	□ 彩超
□ 窦性心律	□ 心肌	□ 缺血	□ 甘油三酯
□ 冠状动脉	□ 粥样硬化	□ 冠心病	□ 造影
□ 心肌梗死	□ 坏死	□ 危害	□ 心血管
□ 胸骨	□ 血清	□ 心肌酶	□ 猝死
□ 趋势	□ 黏稠	□ 血管	□ 溶栓
□ 狭窄	□ 疏通	□ 程度	□ 冠脉支架植入术
□ 血流	□ 心电监护	□ 体征	□ 明确

👍 掌握了 31 ～ 36 个：非常好，为你点赞！

✊ 掌握了 25 ～ 30 个：不错，继续努力！

📖 掌握了 24 个及以下：好好复习，下次加油！

二、你知道怎么说吗？

你知道下列医学表达用在什么场景中吗？请选择合适的场景。

1. 含服一片硝酸甘油。   （　　）
2. 做心电图。   （　　）
3. 对患者进行心电监护。   （　　）
4. 血液黏稠，血管容易堵塞。   （　　）
5. 需要进行冠脉支架植入术。   （　　）

A

B   C   D   E

第十二课
注意低碘饮食

 主题热身

一、给下列词语选择对应的图片

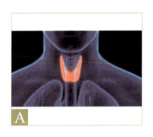
A

B

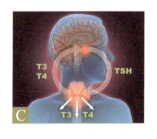
C

D

E

F

1. 甲状腺＿＿＿＿＿

2. 失眠＿＿＿＿＿

3. 食欲不振＿＿＿＿＿

4. 维生素＿＿＿＿＿

5. 打鼾＿＿＿＿＿

6. 甲状腺激素＿＿＿＿

二、听对话，选择正确答案

1. 她们俩最有可能是什么关系？

　A. 同学　　　　　B. 师生　　　　　C. 医患

2. 白灵最近在忙什么？

　A. 写报告、实习　　B. 准备考试、找工作　　C. 写报告、找工作

3. 关于白灵，下面哪一项是正确的？

　A. 胖了十几斤　　B. 一天吃三顿　　C. 最近睡不好

扫描二维码，获取
听力音频

任务学习

任务一　甲亢的典型症状及治疗

准备

语言点　*比较句：A＋动词＋得＋比＋B＋形容词*

读一读

读句子，选择与句子意思一致的一项

她现在吃得比以前多。

A. 她现在吃得少，以前吃得多

B. 她现在吃得多，以前吃得少

C. 她现在和以前吃得差不多

学一学

　　比较句"A＋动词＋得＋比＋B＋形容词"是对 A 和 B 在某个动作行为方面所具有的特征进行比较，其否定形式为"A＋动词＋得＋没（有）＋B＋形容词"，如"她现在吃得没有以前多"。与此类似的句式有"A＋比＋B＋动词＋得＋形容词"，其否定形式为"A＋没（有）＋B＋动词＋得＋形容词"，如"她现在比以前吃得多""她现在没有以前吃得多"。

比较句中的"没有"和"不比"

辨析　　比较句也可以在"比"前加"不"进行否定，一般用在对话中，否定上文所述观点，其表达的意思与使用"没有"时略有不同。例如，"她现在吃得没有以前多"表示"她现在吃的饭＜她以前吃的饭"；"她现在吃得不比以前多"则表示"她现在吃的饭≤她以前吃的饭"，而且使用该句时，上文中一般会出现"她现在吃得比以前多"（即"她现在吃的饭＞她以前吃的饭"）的观点。

例句

（1）她唱得比你好听。/ 她唱得没（有）你好听。

（2）她比我唱得好听。/ 她没（有）我唱得好听。

（3）他的汉语说得比我好。/ 他的汉语说得没（有）我好。

（4）他的汉语比我说得好。/ 他的汉语没（有）我说得好。

（5）A：听说你弟弟长得比你高，是吗？

　　　B：他不比我高，我俩差不多。

☑ **练一练**

按要求改写句子

（1）今天姐姐睡得比妹妹早。（A＋比＋B＋动词＋得＋晚）

_____。

（2）这本书卖得好，那本书卖得不好。（A＋动词＋得＋比＋B＋好）

_____。

（3）她的中文说得好，我的中文说得不好。（A＋比＋B＋动词＋得＋好）

_____。

🩺 示例

- 地点：医院门口
- 实习医生：陈小松（内分泌科）
- 实习医生：海月（心血管内科）

扫描二维码，获取
课文和生词音频

陈小松：海月，好久不见。你现在在哪个
　　　　科室实习啊？

海　月：我在心血管内科，你呢？

陈小松：我在内分泌科。

海　月：你们科室忙吗？

陈小松：特别忙，今天上午刘教授就看了
　　　　几十个病人呢。

生 词

1. 科室　kēshì　*n.*　clinical department
2. 实习　shíxí　*v./n.*　to serve as an intern; practice
3. 内科　nèikē　*n.*　(department of) internal medicine
4. 教授　jiàoshòu　*n.*　professor

海　月：现在生活节奏快，工作压力大，很多人都出现了内分泌失调的情况。

陈小松：嗯，今天上午就来了个年轻女孩儿，才 22 岁，快要毕业了，最近压力很大，每天不是忙着找工作，就是忙着写报告。她的眼球有点儿突出，脖子也有点儿粗。

海　月：那她还有别的症状吗？

陈小松：她还怕热、多汗、容易激动，晚上还失眠。她现在吃得比以前多，人反而瘦了不少。

海　月：这些都是甲亢的典型症状啊。

陈小松：是的，刘教授给她做了触诊，还让她做了甲状腺功能检查、甲状腺免疫检查和甲状腺 B 超。

海　月：检查结果怎么样？

陈小松：甲状腺功能检查显示 FT3[1]、FT4[2] 明显升高，TSH[3] 水平降低。已

| ⑤ | 节奏 | jiézòu | *n.* | pace |

⑥ 毕业　bìyè　*v.*　to graduate

⑦ 报告　bàogào　*n./v.*
report; to report
⑧ 眼球　yǎnqiú　*n.*　eyeball
⑨ 脖子　bózi　*n.*　neck

⑩ 汗　hàn　*n.*　perspiration

⑪ 失眠　shīmián　*v.*　to suffer
from insomnia

⑫ 甲亢　jiǎkàng　*n.*
hyperthyroidism
⑬ 触诊　chùzhěn　*v.*
to palpate
⑭ 甲状腺　jiǎzhuàngxiàn　*n.*
thyroid gland
⑮ 免疫　miǎnyì　*v.*
to immunize

⑯ 降低　jiàngdī　*v.*
to decrease

经确诊为甲亢了。

海　月：那刘教授是怎么给她进行治疗的呢？

陈小松：这位病人是初次发病，并且没有并发症。这种情况采用药物治疗就行。刘教授还嘱咐病人在饮食上要注意"三高一低"。

海　月："三高一低"指的是什么呀？

陈小松："三高"指的是高热量、高维生素、高蛋白，"一低"指的是低碘[4]。

海　月：哦，明白了。

⑰ 确诊　quèzhěn　v.
to confirm the diagnosis

⑱ 初次　chūcì　n.
the first time

⑲ 嘱咐　zhǔfù　v. to enjoin

⑳ 热量　rèliàng　n. calorie
㉑ 维生素　wéishēngsù　n. vitamin
㉒ 碘　diǎn　n. iodine

Note：
1. FT3：游离三碘甲状腺原氨酸
（free triiodothyronine）。
2. FT4：游离甲状腺素（free thyroxine）。
3. TSH：促甲状腺激素（thyroid stimulating hormone）。
4. 高维生素是指维生素的含量高，高蛋白是指蛋白质的含量高，低碘是指碘的含量低。

活动

答一答

（1）陈小松和海月分别在哪个科室实习？

（2）会话中的"三高一低"是什么意思？

)) 说一说

小组讨论：甲亢有哪些典型症状？要做哪些检查？讨论后请在下面对应的词语前面画"√"。如果还有别的症状和检查，请写在后面。

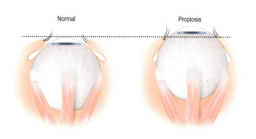

☐ 眼球突出

☐ 怕热多汗

☐ 失眠

☐ 体重下降

其他症状：_____

☐ 触诊

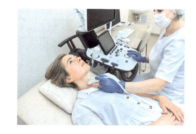

☐ 甲状腺 B 超

☐ 甲状腺功能检查

其他检查：_____

读一读

读甲状腺功能和甲状腺免疫检查报告单，判断正误

××医院检查报告单

姓名：白灵　　　　性别：女　　年龄：22　　病人 ID：240953

标本种类：血清　　开单科室：内分泌科（门）

代号	检验项目	检验结果	提示	参考范围	单位
TSH	促甲状腺激素	<0.005	↓	0.27～4.20	uIU／L
FT3	游离三碘甲状腺原氨酸	32.30	↑	3.10～6.80	pmol／L
FT4	游离甲状腺素	75.30	↑	12～22	pmol／L
TG	甲状腺球蛋白	1.65	↓	3.5～77.0	ng／mL
A-TG	甲状腺球蛋白抗体	2363.00	↑	<115	IU／mL
A-TPO	抗甲状腺过氧化物酶抗体	>600.00	↑	<34	IU／mL
TRAb	促甲状腺素受体抗体	9.32	↑	<1.75	IU／L

（1）患者的促甲状腺激素正常。　　　　　　　　　　　　　　　（　　）

（2）患者的游离甲状腺素偏高。　　　　　　　　　　　　　　　（　　）

（3）患者的促甲状腺素受体抗体比参考范围高。　　　　　　　　（　　）

任务二 疾病介绍：甲状腺功能减退症

➕ 准备

语言点 介词：按照

🎙 读一读

读句子，选择与句中画线部分意思一致的一项

甲减的治疗主要是<u>按照"缺多少，补多少"的原则</u>，适当给患者补充甲状腺激素。

A.坚持"缺多少，补多少"的原则

B.按"缺多少，补多少"的原则

C.根据"缺多少，补多少"的原则

📖 学一学

　　介词"按照"表示遵从某种标准，后常跟"原则/标准/计划/规定/要求"等词语。"按照"后一般加名词性宾语，整个介宾短语常用在主语之前，与主语用逗号隔开。若用在主语之后，则其后不需加逗号。有时"按照"后也可加小句。"按照"与"按"用法大致相同，不同的是："按照"后一般不加单音节宾语，"按"后的宾语则没有音节上的限制。

例句

（1）按照图书馆的规定，这些书不外借。

（2）我们按原来的计划去了北京。

（3）请大家按照明天早上八点钟出发来安排时间。

"按照"和"根据"

辨析

　　做介词时，"按照"后所跟的一般是大家公认的标准，以供遵从；而"根据"后所跟的一般是某种事物、动作或情况，以作为后续判断的前提或基础。另外，"根据"可以做名词，而"按照"却不能。

例句

（1）按照法律规定，这样做是不行的。

（2）根据我们了解的情况，这件事不是他做的。

（3）说话做事要有根据。

☑ 练一练

1. 用介词"按照"完成句子

（1）＿＿＿＿＿＿＿＿＿＿＿＿＿＿＿＿＿＿＿，今年五一劳动节放五天假。

（2）＿＿＿＿＿＿＿＿＿＿＿＿＿＿＿＿＿，你应该能考上北京大学。

（3）请同学们＿＿＿＿＿＿＿＿＿＿＿＿＿＿＿回答问题。

2. 选择合适的词语填空

（1）一切都应该＿＿＿＿＿＿规定来办理。（按照、根据）

（2）＿＿＿＿＿＿这些资料，我们还不能做出决定。（按照、根据）

（3）你对我的批评完全没有＿＿＿＿＿＿。（按照、根据）

⊕ 示例

50多岁的张女士近半年来总感觉

疲劳乏力、关节疼痛，还出现了嗜睡、

记忆力减退、食欲不振和体重增加等症

扫描二维码，获取
课文和生词音频

生　词

❶ 乏力　fálì　*adj.*
feeble, lacking in strength
❷ 关节　guānjié　*n.*　joint
❸ 嗜睡　shìshuì　*v.*　to suffer
from sleepiness
❹ 记忆力　jìyìlì　*n.*　memory
❺ 食欲不振　shíyù búzhèn
inappetence
食欲　shíyù　*n.*　appetite
不振　búzhèn　*adj.*　poor

状。有时跟家人聊着天儿她就睡着了，甚至还打起鼾来。后来，张女士到医院内分泌科就诊，医生确诊她患了甲状腺功能减退症，也就是大家常说的"甲减"。

甲减是一种由低甲状腺激素血症或甲状腺激素抵抗而引起的全身性低代谢综合征，多见于[1]女性。甲减的危害是全身性的，会影响身体主要器官的功能。甲减的治疗主要是按照"缺多少，补多少"的原则，适当给患者补充甲状腺激素，使患者的甲状腺功能恢复并维持正常。

甲减患者自身免疫力较弱，因此在生活中要注意保暖，适当锻炼，提高免疫力。在饮食上，甲减患者要注意补充铁质、优质蛋白，少吃高脂肪、高胆固醇食物。另外，像卷心菜、西蓝花、白菜等十字花科[2]蔬菜里含有硫氰酸盐，它会影响甲状腺激素的合成，甲减患者应尽量少吃这类蔬菜。如果是由桥本甲状腺炎引起的甲减，患者还需要低碘饮食，比如不吃海带和紫菜等高碘食物。

6 聊天儿　liáotiānr　v.　to chat
7 打鼾　dǎhān　v.　to snore
8 甲状腺功能减退症（甲减）jiǎzhuàngxiàn gōngnéng jiǎntuìzhèng　n. hypothyroidism
9 甲状腺激素　jiǎzhuàngxiàn jīsù　n.　thyroid hormone
10 抵抗　dǐkàng　v.　to resist
11 代谢　dàixiè　v. to metabolize
12 综合征　zōnghézhēng　n. syndrome
13 原则　yuánzé　n.　principle
14 维持　wéichí　v. to maintain, to keep
15 免疫力　miǎnyìlì　n. immunity
16 弱　ruò　adj.　weak
17 铁质　tiězhì　n.　iron
18 优质　yōuzhì　adj. high-quality
19 卷心菜　juǎnxīncài　n. cabbage
20 西蓝花　xīlánhuā　n. broccoli
21 十字花科　shízì huākē Cruciferae
22 含有　hányǒu　v.　to contain
23 硫氰酸盐　liúqíngsuānyán n.　thiocyanate
24 合成　héchéng　v. to synthesize
25 桥本甲状腺炎　Qiáoběn jiǎzhuàngxiànyán　n. Hashimoto thyroiditis
26 海带　hǎidài　n.　kelp
27 紫菜　zǐcài　n.　laver

Note：
1. 多见于："多见于……"是医学常用表达，可指某种疾病多出现在某些人群之中，也可指某种症状多出现在某种疾病之中。
2. 科：这里指生物学上的一种分类单位。

活动

答一答

（1）甲减有哪些症状？

（2）甲减患者在饮食上要注意些什么？

说一说

小组活动：四人一组，每人轮流以医生的身份向大家介绍甲状腺功能减退症，其他三人做好记录。

> 甲状腺功能减退症简称"甲减"，是一种……

任务操练

实践

两人一组，根据图片场景，使用下列词语，模拟医生对甲减病人的问诊。

场景提示：病人因出现疲劳乏力、关节疼痛、嗜睡等症状就诊，医生询问病人症状，给病人做相关检查，并给出治疗建议。

参考词语：疲劳　嗜睡　食欲不振　甲减　甲状腺激素　十字花科蔬菜

练习

（一）词语搭配

节奏	突出	写	硫氰酸盐
眼球	减退	补充	报告
热量	快	维持	营养
记忆力	高	含有	生命

（二）选择正确的词语填空

确诊　降低　失眠　毕业　聊天儿　乏力　嗜睡　食欲不振

1. 每次重大考试的前一天晚上，她都会紧张得（　　　　）。

2. 他硕士（shuòshì，master）研究生（　　　　）后就去了上海的一家公司工作。

3. 他因为持续高烧而住进医院，并被医生（　　　　）为急性肾炎（shènyán，nephritis）。

4. 由于感冒，孩子这两天（　　　　），吃得比平时少多了。

5. 吃鱼不仅可以补充优质蛋白，还有（　　　　）血脂的作用。

6. 她们一边喝咖啡，一边开心地（　　　　）。

7. 昨天我跟朋友们去爬山了，今天就感觉双腿（　　　　），肌肉酸痛（suāntòng，sore）。

8. 有的人睡觉时不停地做梦（zuòmèng，to dream），白天感觉很累，还会出现（　　　　）的症状。

（三）组词成句

1. 内分泌科　他　在　实习　现在

_____

2. 我　要　饮食　医生　低碘　嘱咐

_____

3. 药物　这种　只需　治疗　情况　采用

_____

4. 影响　功能　甲减　全身　会　主要器官的

_____

5. 可以　免疫力　适当　锻炼　提高　人体的

_____

（四）用指定词语或结构完成对话

1. A：没想到，你弟弟跟你一样也会说汉语。

   B：是啊，而且_____。（A＋动词＋得＋比＋B＋形容词）

2. A：不好意思！_____，您必须先交费，然后才能取药。（按照）

   B：好的，那我现在去交费，一会儿再过来。

3. A：这项工作难度有点儿大，我想交给小李负责，你看怎么样？

   B：小李做事很认真，_____，让他负责很合适。（并且）

4. A：你咳嗽又加重了啊，快点儿戒烟（jiè yān，to quit smoking）吧。

   B：是该戒烟了，听说_____。（多见于）

5. A：小刘，你们年轻人一般去哪儿买衣服？

   B：_____，都挺方便的。（不是……，就是……）

（五）阅读语段，选择与语段意思一致的一项

1. 桥本甲状腺炎也称"桥本氏病"，是以最早发现该疾病的日本学者桥本
（Hashimoto）的名字命名的一种常见的自身免疫性疾病，其病因目前还不清楚，
通常认为与免疫功能紊乱（wěnluàn，disorderly）、遗传、环境、维生素 D 缺乏

等因素有关。目前也还没有能够根治此病的方法。

A. 该疾病以第一位患者的名字命名

B. 桥本氏病没有病因

C. 桥本氏病不能完全治好

2. 碘是人体必需的微量元素（wēiliàng yuánsù，microelement）之一，人体缺碘就会导致一系列疾病，比如地方性甲状腺肿、地方性克汀病等。针对碘缺乏病，预防往往重于治疗。因为碘缺乏病会给人体造成不同程度的伤害，而补碘却很简单。食用碘盐就是最简单、安全、经济且有效的预防手段。

A. 地方性克汀病是缺碘引起的

B. 治疗碘缺乏病比预防更重要

C. 不食用碘盐就一定会缺碘

（六）请根据"任务一"中的示例内容，简要描述患者的主要症状、诊断情况及治疗方案

📖 拓展学习

一、词汇

> **"嗜～"和"好（hào）～"**
>
> "嗜"和"好（hào）"都表示喜爱、爱好，前者的程度比后者要深，且多用于不好的方面。例如，"嗜睡"指总想睡觉，是一种疾病症状；"好氧"指喜欢且需要在有氧气的环境中生存，与其相对的是"厌氧"，指不喜欢有氧气的环境。
>
> | 易混淆语素 | 医学词汇 |
> |---|---|
> | 嗜 | 嗜睡、流感嗜血杆菌（Haemophilus influenzae）、嗜酸性粒细胞（eosinophil） |
> | 好（hào） | 好氧菌、好氧呼吸 |

二、阅读

中国古代如何治疗"大脖子病"？

甲状腺肿的典型症状是脖子粗，因此它也被称为"大脖子病"。早在 2000 多年前的中国，古人就开始关注这种疾病，并在古书中做了详尽的描述和总结。其中，有些观

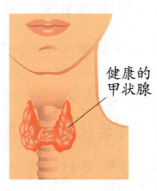
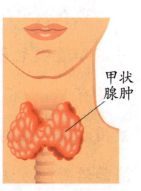

健康的甲状腺　　　甲状腺肿

点和现代医学非常相近。

第一，古人发现大脖子病和地理环境有关，山区的发病率最高，比如秦岭、太行山、三峡等地。现代医学认为，这些地方远离大海，海产品少，且地面经过雨水千万年的冲刷，水土中碘的含量很低。第二，古人认为饮用水源可能是导致大脖子病的因素之一。现代医学认为，在高水碘地区，人们即使不吃碘盐也不会缺碘。事实是，中国大部分地区属于低水碘地区，很容易出现碘缺乏现象。第三，古人还发现女性似乎更容易得大脖子病。现代流行病学研究也发现，女性更容易患甲状腺疾病，孕妇和哺乳期妇女的碘缺乏尤为明显，这是因为她们身体内的碘在供两个人使用。第四，古人虽然并不知道"激素""内分泌"等医学概念，但他们已经意识到情绪因素和甲状腺疾病之间的关系。中国人还用"脸红脖子粗"来形容生气时的状态。现代医学证实，部分甲亢患者确实有易怒的症状。当人长期处于精神紧张、焦虑、抑郁或过度劳累状态中，就会更容易患各种疾病，甲状腺疾病就是其中之一。第五，古人不仅观察到了甲状腺肿，还通过实践发现了海产品，尤其是海藻，能够治疗碘缺乏病。古人也曾尝试手术切除甲状腺肿，但受制于当时的医学水平，这种外科手术成功率低，死亡率高。

现在我们知道脖子粗其实是由碘缺乏引起的甲状腺肿，但古时人们并不知道碘元素和甲状腺，也没有科学的手段去研究流行病和地方病，更没有"循证医学"的概念。古人通过朴素的观察，总结出了地理环境、饮用水源、性别、情绪状态等引发大脖子病的高危因素，甚至找出了用海藻治疗的方法，是不是特别令人敬佩呢？

（一）重要医学词语

1. 甲状腺肿	jiǎzhuàngxiànzhǒng	*n.*	goiter
2. 含量	hánliàng	*n.*	content
3. 高水碘	gāo shuǐdiǎn		high water iodine
4. 碘盐	diǎnyán	*n.*	iodized salt
5. 低水碘	dī shuǐdiǎn		low water iodine
6. 孕妇	yùnfù	*n.*	pregnant woman
7. 哺乳期	bǔrǔqī	*n.*	lactation period
8. 抑郁	yìyù	*adj.*	depressed
9. 循证医学	xúnzhèng yīxué	*n.*	evidence-based medicine

（二）阅读材料，回答问题

1. 关于大脖子病，中国古书从哪几个方面进行了描述和总结？

_____

_____

_____

2. "脸红脖子粗"是什么意思？如何从医学上进行解释？

_____

_____

_____

自我评估

一、生词知多少

你认识下列词语吗？如果认识，请在词语前的"□"里画"√"；如果不认识，请再复习复习。

□ 科室	□ 实习	□ 节奏	□ 报告
□ 眼球	□ 失眠	□ 甲亢	□ 触诊
□ 甲状腺	□ 免疫	□ 降低	□ 初次
□ 嘱咐	□ 热量	□ 维生素	□ 碘
□ 乏力	□ 嗜睡	□ 记忆力	□ 食欲不振
□ 打鼾	□ 甲状腺功能减退症	□ 免疫力	□ 代谢
□ 综合征	□ 原则	□ 铁质	□ 甲状腺激素
□ 维持	□ 确诊	□ 桥本甲状腺炎	□ 硫氰酸盐

👍 掌握了 28 ～ 32 个：非常好，为你点赞！

✊ 掌握了 23 ～ 27 个：不错，继续努力！

📖 掌握了 22 个及以下：好好复习，下次加油！

二、你知道怎么说吗？

你知道下列医学表达用在什么场景中吗？请选择合适的场景。

1. 眼球有点儿突出。　　　　　　　　　　（　　）
2. 饮食上要注意"三高一低"。　　　　　　（　　）
3. 给你做一下触诊。　　　　　　　　　　（　　）
4. 采用药物治疗。　　　　　　　　　　　（　　）
5. 低碘饮食。　　　　　　　　　　　　　（　　）

A

B　　　　　　C　　　　　　D　　　　　　E

第十三课
注意力很难集中

 主题热身

一、给下列词语选择对应的图片

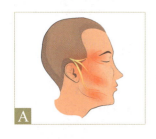
A

B

C

D

E

F

1. 流泪_____

2. 流涎_____

3. 三叉神经_____

4. 瑜伽_____

5. 脑电图_____

6. 烦躁不安_____

二、听对话，选择正确答案

1. 她们俩最有可能是什么关系？

　　A. 师生　　　　　　B. 医患　　　　　　C. 同学

2. 贝拉最近精神怎么样？

　　A. 很好　　　　　　B. 一般　　　　　　C. 不太好

3. 关于贝拉，下面哪一项是正确的？

　　A. 最近睡得很晚　　B. 最近注意力很难集中　　C. 最近胖了很多

扫描二维码，获取
听力音频

任务一　神经衰弱综合征病人的问诊

准备

语言点　因果复句：由于……，所以……

🎙 读一读

读句子，选择与句子意思一致的一项

由于以前得过胃溃疡，所以我一开始以为是消化系统的问题。

A. 我不但以前得过胃溃疡，而且一开始以为是消化系统的问题

B. 我以前得过胃溃疡，因此一开始以为是消化系统的问题

C. 如果我以前得过胃溃疡，一开始就以为是消化系统的问题

📖 学一学

　　因果复句"由于……，所以……"的前句说明原因，后句列出该原因所引出的结果。在使用时，"由于"常可省略，"所以"可替换为"因此"。

"由于"和"因为"

辨析	"由于"和"因为"做连词时，均表示原因，都可构成因果复句。但"由于"可以与"因此"搭配，而"因为"不能；"因为"可用在后句中，而"由于"不能。
例句	（1）由于/因为今天下大雨，所以我和同学们课间只能在教室里玩儿。 　　（2）由于/*因为天气预报说今天会下雨，因此早上出门时我带了一把伞。 　　（3）她今天看起来精神很好，因为/*由于她昨晚没熬夜。

✅ **练一练**

根据提示词语，完成下列因果复句

（1）＿＿＿＿＿＿＿＿＿＿＿＿＿，所以公园里散步的人很少。（气温）

（2）由于这件事情很复杂，＿＿＿＿＿＿＿＿＿＿＿＿。（慢慢儿地）

（3）比赛成绩不好，但大家都不怪（guài, to blame）他，＿＿＿＿＿＿＿＿＿＿。

（生病）

🏥 **示例**

➕ 科室：神经内科（门诊）

➕ 医生：毛思孝

➕ 患者：贝拉

扫描二维码，获取
课文和生词音频

毛思孝：你好！哪儿不舒服？

贝　拉：你好，大夫！我最近感觉全身乏
　　　　力，精神不好，注意力很难集
　　　　中，记忆力也下降了不少。

毛思孝：最近睡眠怎么样？

贝　拉：不好。睡觉的时候，只要有一
　　　　点儿声音，我就会醒。

毛思孝：还有什么别的症状吗？

贝　拉：我的胃口也不好。由于以前得过
　　　　胃溃疡，所以我一开始以为是消

生 词
① 注意力 zhùyìlì *n.* attention
② 集中 jízhōng *v./adj.* to concentrate, to focus; concentrated, focused
③ 胃口 wèikǒu *n.* appetite

化系统的问题。做了胃镜，结果

显示没有异常。消化科医生建议

我来神经内科看看。

毛思孝：这种情况有多长时间了？

贝　拉：一个多月了。

毛思孝：这些症状是偶尔有还是一直都有？

贝　拉：一直都有，只是最近这两个星期

变严重了。

毛思孝：你现在是在读书还是已经工作了？

贝　拉：我现在是研究生一年级，今年八

月才来中国的。

毛思孝：你适应在中国的生活吗？平时学

习压力大吗？

贝　拉：有点儿不适应。在学习上，我对

自己要求挺高的，总希望自己能

做到最好。如果没有达到目标，

我就会烦躁不安。

毛思孝：放轻松[1]点儿。你先去做个脑电

图和头部 CT。

④ 神经内科　shénjīng nèikē
n. neurology department
神经　shénjīng　*n.* nerve

⑤ 达到　dádào　*v.* to achieve
⑥ 烦躁不安　fánzào bù'ān
to have the dysphoria
烦躁　fánzào　*adj.*
agitated and restless
⑦ 轻松　qīngsōng　*adj.*
relaxed
⑧ 脑电图　nǎodiàntú　*n.*
electroencephalogram
⑨ 头部　tóubù　*n.*　head

（两个小时后）

贝　拉：医生，这是我的检查报告。

毛思孝：结果都正常，可以排除脑部疾病。根据你的症状，你得的是神经衰弱。我给你开点儿药。另外，你不要给自己太大压力，要学会合理安排时间，不要长时间看书；要适当运动，可以打打太极拳、练练瑜伽什么的。两个星期后，如果没有好转，再来复诊。

贝　拉：好的，谢谢医生。

⑩ 神经衰弱　shénjīng shuāiruò
　　n.　neurasthenia
　　衰弱　shuāiruò　adj.　feeble
⑪ 合理　hélǐ　adj.
　　reasonable, rational
⑫ 瑜伽　yújiā　n.　yoga
⑬ 好转　hǎozhuǎn　v.
　　to get better, to improve
⑭ 复诊　fùzhěn　v.
　　to make a follow-up visit

Note：

1."轻松""放轻松"和"放松"："轻松"是形容词，指精神上不紧张的状态；"放轻松"是短语，即"放＋轻松"，指控制自己的行为，以达到轻松的状态；"放松"是动词，指对身体或精神等进行控制，使其状态由紧变松，如"放松肌肉 / 心情 / 学习"。

活动

答一答

（1）贝拉有什么症状？

（2）医生给了贝拉什么建议？

))) **说一说**

小组讨论：神经衰弱有哪些典型症状？要做哪些检查？讨论后请在下面对应的词语前面画"√"。如果还有别的症状和检查，请写在后面。

□ 全身乏力

□ 记忆力下降

□ 失眠

□ 胃口不好

其他症状：_____

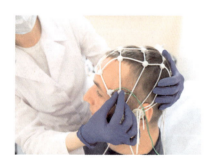

□ 脑电图

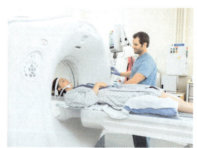

□ 头部 CT

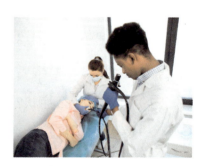

□ 胃镜

其他检查：_____

读一读

读脑电图监测报告，判断正误

××医院视频脑电图监测报告

姓名：贝拉　性别：女　年龄：23　病人 ID：240963　脑电图号：V-131570

监测日期：××-××-××　监测方式：视频脑电监测　监测时间：10分钟

申请科室：神经内科（门）

背景活动：清醒安静闭目状态下双枕区为中波幅 8～9Hz α 节律，夹杂稍多量低幅快波，双侧基本对称，调节、调幅不良，睁眼枕区节律抑制。

过度换气：慢波活动明显增多。

闪光刺激：未见明显异常波。

睡 眠 期：未监测到睡眠期。

异 常 波：未见明显异常波。

印　　象：正常清醒脑电图。

（1）患者的脑电图监测时间为一刻钟。　　　　　　　　　　　（　　）

（2）患者过度换气时，慢波活动明显减少。　　　　　　　　　（　　）

（3）患者清醒状态时的脑电图正常。　　　　　　　　　　　　（　　）

任务二　疾病介绍：三叉神经痛

🧰 准备

语言点　并列复句：不是A，而是B

🎤 读一读

读句子，选择与句子意思一致的一项

这不是牙痛，而是三叉神经痛。

A. 这不仅是牙痛，还是三叉神经痛

B. 这不是牙痛，就是三叉神经痛

C. 这不是牙痛，是三叉神经痛

📖 学一学

　　"不是A，而是B"是并列复句，表示先否定前一句中的A，再肯定后一句中的B。A和B性质一样，是并列关系。A和B可以是名词性短语、动词性短语或小句。

例句	（1）这不是你的错，而是我的错。 （2）他不是喜欢音乐，而是喜欢跳舞。 （3）不是我不想帮你，而是我不知道该怎么帮你。

"不是A，而是B"和"不是A，就是B"

辨析	"不是A，而是B"是并列复句，否定A后，再肯定B；"不是A，就是B"是选择复句，A和B只能选择一个，非此即彼。

例句	（1）他不是学生，而是老师。 （2）他不是学生，就是老师。

☑ **练一练**

根据提示结构完成句子

（1）这次他没考好，_____。（不是 A，而是 B）

（2）父母批评我们，_____。（不是 A，而是 B）

（3）他今天很生气，_____。（不是 A，就是 B）

⊕ **示例**

扫描二维码，获取
课文和生词音频

58 岁的王阿姨一年前出现右脸疼痛的症状，一开始她以为是牙疼，就去了口腔科就诊；但是陆续[1]拔了两颗牙后，疼痛仍然没有缓解。最近一段时间，她面部疼痛越来越严重，甚至都影响到了洗脸、刷牙和吃饭。后来，她去了神经内科就诊。经过医生的详细检查，她才知道这不是牙痛，而是三叉神经痛。

生 词
❶ 阿姨　āyí　*n.*　aunt
❷ 陆续　lùxù　*adv.*　one after another, successively
❸ 详细　xiángxì　*adj.*　detailed
❹ 三叉神经痛　sānchā shénjīngtòng　*n.*　trigeminal neuralgia
三叉神经　sānchā shénjīng　*n.*　trigeminus

三叉神经痛是一种在面部三叉神经分布区内反复发作的阵发性剧烈神经痛，是常见的脑神经疾病。在临床上除表现为剧烈疼痛外，它还伴有面部潮红、结膜充血、流泪、流涎等症状，多发病于[2]中老年人，70%～80%的病例发生在40岁以上的人群中，发病率可随年龄而增长。

三叉神经痛一般不会自愈，需要积极治疗。常见的治疗方法有药物治疗和手术治疗。大部分患者通过药物治疗能改善三叉神经痛的临床表现。药物治疗效果不明显的患者，可采取手术治疗。其中，三叉神经显微血管减压术是目前广泛应用的最安全有效的手术方法。这种手术既可以解除血管对神经的压迫，又能保留正常的神经功能。由于手术开口[3]小，创伤小，所以预后良好。

⑤ 分布区　fēnbùqū　n.
distribution area
　分布　fēnbù　v.　to distribute
⑥ 阵发性　zhènfāxìng　adj.
paroxysmal
⑦ 潮红　cháohóng　adj.
(of face/skin) flushed
⑧ 结膜　jiémó　n.　conjunctiva
⑨ 充血　chōngxuè　v.
to suffer from hyperaemia
⑩ 流泪　liúlèi　v.　to shed tears
⑪ 流涎　liúxián　v.　to salivate
⑫ 病例　bìnglì　n.
case (of illness)
⑬ 发病率　fābìnglù　n.
incidence rate (of a disease)
⑭ 自愈　zìyù　v.
to undergo autotherapy
⑮ 改善　gǎishàn　v.
to improve
⑯ 显微血管减压术
xiǎnwēi xuèguǎn jiǎnyāshù
microvascular decompression
⑰ 广泛　guǎngfàn　adj.
extensive, wide
⑱ 应用　yìngyòng　v.　to apply
⑲ 解除　jiěchú　v.　to relieve
⑳ 开口　kāikǒu　n.　incision
㉑ 预后　yùhòu　n.　prognosis

Note:
1. "陆续""连续""持续"和"继续"："陆续"，副词，强调多个事件或动作有先有后、时断时续地发生或进行；"连续"，动词，强调同一类事件或动作一个接一个地不间断发生或进行；"持续"，动词，强调某一个事件或动作不间断地保持下去；"继续"，动词，强调某一个事件或动作中断后又开始进行。
2. 多发病于：医学常用表达，指某种疾病多发生在某类人群之中。
3. 开口：除了做名词外，还可做动词，指开口说话，挖开缺口。

活动

答一答

（1）三叉神经痛有哪些症状？

（2）三叉神经痛有哪些治疗方法？

说一说

小组活动：四人一组，每人轮流以医生的身份向大家介绍三叉神经痛，其他三人做好记录。

三叉神经痛是一种在面部三叉神经分布区内……

任务操练

实践

两人一组，根据图片场景，使用下列词语，模拟医生对三叉神经痛病人的问诊。

场景提示：病人因面部剧烈疼痛就诊，医生询问病人症状，给病人做相关检查，并给出治疗建议。

参考词语：面部疼痛　　结膜充血　　流泪　　药物治疗　　手术治疗　　显微血管减压术

 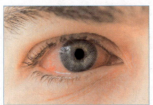  

练习

（一）词语搭配

练	疼痛	病情	潮红
压迫	瑜伽	面部	充血
集中	神经	结膜	明显
缓解	注意力	效果	好转

（二）选择正确的词语填空

胃口　复诊　轻松　烦躁　详细　陆续　流泪　病例

1. 终于通过了 HSK 六级考试，他心里感到（　　　）多了。

2. 电影结束后，观众（　　　）离开了电影院。

3. 十五分钟过去了，前面的汽车还是一动也不动，我开始有点儿（　　　）。

4. 最近几天，奶奶的（　　　）不好，每次吃饭都吃得很少。

5. 昨天，医学专家（zhuānjiā，expert）对我市出现的甲型流感（　　　）进行了分析（fēnxī，to analyze）和讨论。

6. 牙医让我一周后去医院（　　　），并进行牙周维护（wéihù，to maintain）治疗。

7. 学期刚开始，她就给自己制订（zhìdìng，to draw up）了（　　　）的学习计划。

8. 听完他的成长经历，大家都感动得（　　　）了。

（三）组词成句

1. 自己　注意力　他　很难　发现　集中

_____

2. 有点儿　弟弟　在中国　对　的生活　不适应

_____

3. 应该　时间　我们　合理　学会　安排

_____

4. 一般　这种　很难　疾病　自愈　来说

_____

5. 没有　患者　药物　改善　可以　的病情

_____

（四）用指定词语或结构完成对话

1. A：患者为什么都愿意找刘医生看病呢？

   B：_____。（由于……，所以……）

2. A：昨天你怎么又没来上班啊？是不是又生病了？

   B：_____。（不是 A，而是 B）

3. A：假期快到了，你_____？（是……还是……）

   B：我本来打算去旅游的，不过我父母说要来看我，所以我想就留在这里陪

   （péi，to accompany）陪他们吧。

4. A：妈妈，我可以再玩儿一会儿手机吗？

   B：不行，长时间看手机对眼睛不好。你知道吗？_____。（多发病于）

5. A：你们公司几点开始上班啊？

   B：九点上班，不过_____。（陆续）

（五）阅读语段，选择与语段意思一致的一项

1. 失眠，也就是人们常说的"睡不着觉"，主要表现为入睡困难或睡眠质量（zhìliàng，
quality）不佳（jiā，good），会对白天正常的工作、学习和生活产生影响。偶尔失

眠通常不会有什么问题，但如果频繁（pínfán，frequently）且持续地出现入睡困难、易醒、早醒等症状，就需要前往医院就诊了。

A. 失眠就是睡得少

B. 失眠会导致白天的工作、生活受到影响

C. 失眠就得去看医生

2. 无论是结构（jiégòu，structure）上还是功能上，神经系统都是人体最复杂的系统，由数亿万相互联系的神经细胞组成。它既能调节（tiáojié，to adjust）、控制其他系统或器官的活动，使人的体内环境保持稳定；又能使人的体内环境和体外环境达到平衡统一（pínghéng tǒngyī，balance and unification）。所以说，神经系统对维持人体的正常生命活动具有极其重要的意义。

A. 神经系统的结构和功能都非常复杂

B. 人体最主要的系统就是神经系统

C. 神经系统可使人的体外环境保持平衡

（六）请根据"任务一"中的示例内容，填写以下问诊信息

姓名：

主诉：

现病史：

既往史：

体格检查：

辅助检查结果：

初步诊断：

治疗意见：

医生签名：

📖 拓展学习

一、词汇

<table>
<tr><td colspan="2" align="center">"～区"和"～部"</td></tr>
<tr><td colspan="2">

在医学上，"区"和"部"都可指某个位置。"区"一般指某个范围或某片区域，如"三叉神经分布区"指三叉神经分布的区域；"部"一般指某个身体部位，如"头部"指头这一部位。

</td></tr>
</table>

易混淆语素	医学词汇
区	三叉神经分布区、候诊区（waiting area）、病区、诊区
部	胸部、眼部、面部、头部、背部、脑部

二、阅读

中医的"经络"

2500 多年前，中国的第一部医学著作——《黄帝内经》提出了"经络"的概念。经络由经脉和络脉组成。经脉是指纵贯全身的大干线，络脉是指这些大干线上的分支。

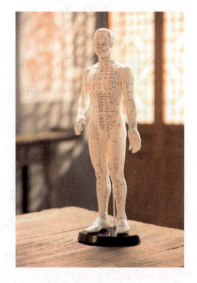

中医所说的"经络"与西医所说的"神经"并不是一回事。西医是在解剖学的基础上，发现了血管和神经，提出了与之相对应的血液循环系统和神经系统。而古代的中国人是很少对

遗体进行解剖的，所以中医所说的"经络"是看不见、摸不着的。那么，古人是如何画出经络图，提出经脉理论的呢？

在中国，古人崇尚"天人合一"的哲学思想，认为人是自然的一部分，人与自然没有差别，应融为一体，和谐共生。中医的经络理论就是来自"天人合一"的哲学思想。古人通过观察，发现天上的星体以及地上的山川、河流、湖泊、海洋之间连成众多线条，那人体内部也应该有类似的"线条"。古人在用尖锐物体刺激人体的不同部位时，发现有时人体的其他部位就会产生酸麻感等反应。这些被刺激的部位就是中医所说的"穴位"。通过刺激人体表面的不同穴位，古人又发现这些穴位对人体内不同的脏腑器官具有明显的保健或治疗作用。穴位与器官之间的治疗关系被古代中医记录了下来，久而久之，就绘制出了一套完整的经络图。

经络是运行气血、联系脏腑和体表及全身各部位的通道，是人体功能的调控系统，是整个中医的基础。在中医发展的几千年里，它始终是诊治病患的基础，也是人体针灸和按摩的基础，是中医学的重要组成部分。

（一）重要医学词语

1. 经络	jīngluò	*n.*	main and collateral channels
2. 经脉	jīngmài	*n.*	passages through which vital energy circulates, regulating bodily functions
3. 络脉	luòmài	*n.*	collaterals which connect channels
4. 解剖学	jiěpōuxué	*n.*	anatomy
解剖	jiěpōu	*v.*	to anatomize

5. 酸麻感	suānmágǎn	*n.*	sourness and tingling sensation
6. 穴位	xuéwèi	*n.*	acupuncture point
7. 脏腑	zàngfǔ	*n.*	internal human organs as a whole
8. 保健	bǎojiàn	*v.*	to preserve health
9. 气血	qìxuè	*n.*	(the state of) vital energy and blood (in the human body)
10. 针灸	zhēnjiǔ	*n.*	acupuncture and moxibustion
11. 按摩	ànmó	*v.*	to massage

（二）阅读材料，回答问题

1. 为什么说"经络"与"神经"不是一回事？

_____

_____

_____

2. 古代的中国人是如何绘制出经络图的？

_____

_____

_____

自我评估

一、生词知多少

你认识下列词语吗？如果认识，请在词语前的"□"里画"√"；如果不认识，请再复习复习。

□ 注意力	□ 集中	□ 胃口	□ 神经
□ 烦躁不安	□ 轻松	□ 脑电图	□ 神经衰弱
□ 头部	□ 合理	□ 好转	□ 复诊
□ 分布区	□ 三叉神经痛	□ 阵发性	□ 潮红
□ 结膜	□ 充血	□ 流泪	□ 流涎
□ 病例	□ 发病率	□ 自愈	□ 改善
□ 显微血管减压术	□ 应用	□ 预后	

👍 掌握了 24～27 个：非常好，为你点赞！

✊ 掌握了 20～23 个：不错，继续努力！

📖 掌握了 19 个及以下：好好复习，下次加油！

二、你知道怎么说吗？

你知道下列医学表达用在什么场景中吗？请选择合适的场景。

1. 做个脑电图。　　　　　　（　　）
2. 做个头部 CT。　　　　　　（　　）
3. 面部潮红。　　　　　　　（　　）
4. 结膜充血。　　　　　　　（　　）
5. 不要给自己太大压力。　　（　　）

A

B　　　　　　　C　　　　　　　D　　　　　　　E

第十四课
双肾多发结石

 主题热身

一、将下列词语填到对应的位置

静脉	动脉	肾动脉	肾静脉	肾盂（shènyú，renal pelvis）
肾脏	输尿管	膀胱	肾结石	尿道（niàodào，urethra）

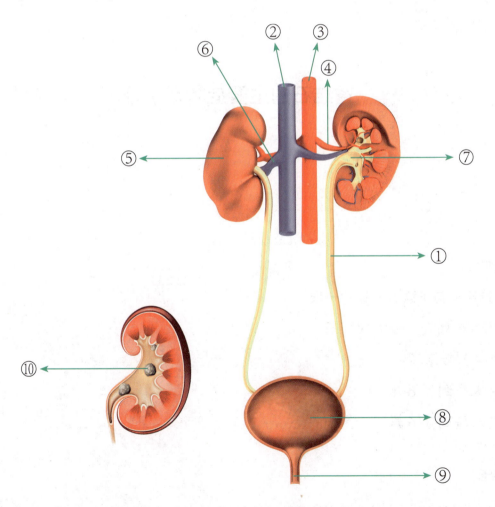

①_____　②_____　③_____　④_____　⑤_____

⑥_____　⑦_____　⑧_____　⑨_____　⑩_____

二、听对话，选择正确答案

1. 老徐哪儿疼？

    A. 左侧腰部   B. 右侧腰部   C. 右侧腹部

2. 他们是做什么工作的？

    A. 老师   B. 医生   C. 司机

3. 关于老徐，下面哪一项是正确的？

    A. 感觉恶心、想吐   B. 上个月体检了   C. 今天做了手术

扫描二维码，获取
听力音频

任务学习

任务一　肾结石的主要症状及治疗

🔲 准备

语言点　隐现句：处所词 + 动词 + 趋向补语 / 结果补语（+ 了）+ 数量短语 + 人 / 物

🎤 读一读

读句子，选择与句子意思一致的一项

6 床转来了一个病人。

A. 6 床的病人转来了

B. 一个病人转到了 6 床

C. 这个病人转到了 6 床

📖 学一学

    隐现句"处所词 + 动词 + 趋向补语 / 结果补语（+ 了）+ 数量短语 + 人 / 物"表示某人或某物在某处出现或消失，其中的"人 / 物"要求为不定指宾语。

例句

（1）对面走来了一位老人。

（2）超市里跑出来一只小狗。

（3）动物园里飞走了一只鸟。

☑ **练一练**

将下列句子改写为隐现句

（1）这两位员工是公司新招（zhāo，to recruit）来的。

　　_____。

（2）刚出门，一辆出租车正好开过来，停在了门前。

　　_____。

（3）阳台上的一条裤子被吹跑了。

　　_____。

➕ 示例

➕ 科室：泌尿外科

➕ 医生：周华

➕ 实习医生：宋晓天

　　　　　　安妮（留学生）

扫描二维码，获取
课文和生词音频

宋晓天、安妮：周教授，早上好！

周　华：大家早上好！

安　妮：周教授，我跟您汇报一下儿，今
　　　　天早上3床的病人转走了，6床

生　词

❶ 汇报　huìbào　*v./n.*
to report; report

转来了一个病人。

周　华：6床是什么情况？

宋晓天：徐立，男，50岁，出租车司机。入院前腰部疼痛 2 小时，呈剧烈绞痛，伴恶心、呕吐。呕吐物呈水样。自诉晨起饮水约 500ml，解小便 1 次，大便未[1]解出，无既往病史，无不洁饮食。

周　华：体格检查呢？

宋晓天：入院时，体温正常，36.8℃，心率 80 次/分，血压 110/60mmHg。上腹部压痛，无反跳痛，向腹股沟放射，双肾区叩痛阳性，移动性浊音阴性，肠鸣音无异常。

安　妮：入院前，他在急诊做了血常规和尿常规检查，还拍了彩超。血常规显示白细胞数和中性粒细胞数明显升高，尿常规显示潜血阳性，彩超显示双肾多发[2]结石。

周　华：把检查单都拿过来给我看看。

② 呈　chéng　*v.*　to manifest, to show

③ 自诉　zìsù　*v.*　to give an account of oneself

④ 晨起　chénqǐ　*v.*　to get up in the morning

⑤ 解　jiě　to excrete

⑥ 未　wèi　*adv.*　not

⑦ 无　wú　*v.*　to not have

⑧ 既往　jìwǎng　*n.*　past

⑨ 体温　tǐwēn　*n.* body temperature

⑩ 心率　xīnlǜ　*n.*　heart rate

⑪ 腹股沟　fùgǔgōu　*n.*　groin

⑫ 放射　fàngshè　*v.* to radiate

⑬ 肾　shèn　*n.*　kidney

⑭ 叩痛　kòutòng　*n.* percussion pain

⑮ 阳性　yángxìng　*n.*　positive

⑯ 浊音　zhuóyīn　*n.*　dullness

⑰ 阴性　yīnxìng　*n.*　negative

⑱ 肠鸣音　chángmíngyīn　*n.* bowel sound

⑲ 拍　pāi　*v.*　to take

⑳ 潜血　qiánxuè　*n.* occult blood

㉑ 多发　duōfā　*adj.*　multiple

宋晓天：给您，都在这儿。

周　华：你们看，这位患者双肾都有结石，最大的直径有1.2厘米。输尿管和膀胱都没问题。你们认为这种情况采用什么治疗方案比较合适？

宋晓天：我认为应该采用体外震波碎石术。

安　妮：这位患者的结石直径在0.6～2厘米之间，可以采用体外震波碎石术。

周　华：你们的想法是对的。针对[3]这位患者，体外震波碎石术是最合适的治疗方案。

22 输尿管　shūniàoguǎn　*n.* ureter

23 膀胱　pángguāng　*n.* bladder

24 之间　zhījiān　*n.* middle

25 针对　zhēnduì　*v.* to aim at

Note：

1. "未"和"没"："未"跟"已"相对，一般用于书面语；"没"既可用于口语，也可用于书面语。

2. 多发：通常指发生率较高的，如"多发病"。医学上的"多发"常指"多发性"，表示多个，与"单发"相对，如"多发结石""单发结石"。

3. "针对"和"对于"："针对"是动词，强调对准对象；"对于"是介词，强调引出对象。

🗂 活动

🗨 答一答

（1）徐立的体格检查结果怎么样？

（2）肾结石的治疗方案有哪些？

))) 说一说

小组讨论：肾结石有哪些典型症状？要做哪些检查？讨论后请在下面对应的词语前面画"√"。如果还有别的症状和检查，请写在后面。

☐ 腰腹部疼痛　　　　☐ 恶心、呕吐　　　　☐ 潜血阳性

其他症状：_____

☐ 血液常规检查　　　☐ 尿液常规检查　　　☐ 彩超

其他检查：_____

读一读

读超声检查报告单，判断正误

××医院彩色多普勒超声检查报告单

姓名：徐立　　　　性别：男　　　　年龄：50　　　申请科室：泌尿外科

住院号：2024011　　　门诊号：16593728　　　检查日期：××-××-××

病人 ID：3486036194　　超声号：180739927　　报告日期：××-××-××

··

超声所见：

　　双肾大小形态正常，轮廓清，表面平滑，肾实质回声（huíshēng，echo）均低，双肾肾盏内均可见数个团状强回声，最大者大小为 12×9mm（右侧）、6×4mm（左侧），后伴声影，左肾集合系统见液性分离，宽约 22mm。

　　双侧输尿管无明显扩张。

　　膀胱充盈好，内壁光滑，厚度正常，腔内未见异常回声。

超声提示：

　　双肾多发结石。

（1）患者右侧肾盏内最大结石为 12×9mm。　　　　　　　　　　（　　）

（2）患者膀胱未充盈。　　　　　　　　　　　　　　　　　　　（　　）

（3）患者双肾多发结石。　　　　　　　　　　　　　　　　　　（　　）

任务二　疾病介绍：慢性肾小球肾炎

🩺 准备

语言点　假设复句：……，否则……

🎤 读一读

读句子，选择与句子意思一致的一项

慢性肾炎患者一定要及时治疗，否则可能导致病情加重。

A. 慢性肾炎患者一定要及时治疗，而且可能导致病情加重

B. 慢性肾炎患者一定要及时治疗，并且可能导致病情加重

C. 慢性肾炎患者一定要及时治疗，如果不及时治疗，可能导致病情加重

📖 学一学

假设复句"……，否则……"的前句提出某种建议，后句表示如果不接受该建议会导致的结果。

例句

（1）记得带上手机，否则我无法联系上你。

（2）开车不要太急，否则可能发生交通事故。

（3）我们快点儿走，否则赶不上（gǎnbushàng, to be unable to catch up with）最后一班地铁了。

✅ 练一练

完成句子

（1）你跟老师请一下儿假吧，否则＿＿＿＿＿＿＿＿＿＿＿＿＿＿＿＿＿＿。

（2）来中国工作，一定要学好中文，否则＿＿＿＿＿＿＿＿＿＿＿＿＿＿＿。

（3）你这次考试成绩这么差，下次要认真准备了，否则＿＿＿＿＿＿＿＿＿＿＿。

✚ 示例

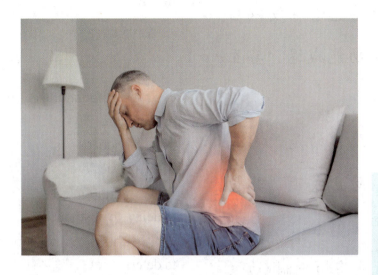

扫描二维码，获取
课文和生词音频

杨先生近半年来总感觉腰部酸痛、全身乏力、头晕、食欲不振，眼睑还经常出现浮肿。最近他尿量明显减少，就去医院做了检查。医生通过询问，发现他有高血压病史多年，在三个月前的体检中就发现尿里有蛋白。这次经过仔细检查后，医生诊断他得了慢性肾小球肾炎。

慢性肾小球肾炎简称"慢性肾炎"，可发生于任何年龄段，但以中青年为主，男性多见。临床表现呈多样性，蛋白尿、血尿、高血压、水肿等为其基本临床表

生 词

1. 酸痛　suāntòng　*adj.*　sore
2. 头晕　tóuyūn　*v.*
   to feel dizzy
3. 眼睑　yǎnjiǎn　*n.*　eyelid
4. 浮肿　fúzhǒng　*v.* to suffer
   from edema
5. 询问　xúnwèn　*v.*　to inquire
6. 仔细　zǐxì　*adj.*　careful
7. 肾小球肾炎　shènxiǎoqiú
   shènyán　*n.*
   glomerulonephritis
   肾小球　shènxiǎoqiú　*n.*
   glomerulus
   肾炎　shènyán　*n.*　nephritis
8. 男性　nánxìng　*n.*　male
9. 多样性　duōyàngxìng　*n.*
   variety, diversity
10. 蛋白尿　dànbáiniào　*n.*
    proteinuria
11. 血尿　xuèniào　*n.*
    hematuria
12. 水肿　shuǐzhǒng　*v.*
    to suffer from dropsy
13. 基本　jīběn　*adj.*　basic

现。慢性肾炎患者一定要及时治疗，否则可能导致病情加重。有些患者在发病后还会出现不同程度的肾功能减退，甚至还有可能发展为肾衰竭。

治疗慢性肾炎的主要目的是改善或缓解患者的临床症状，防止或延缓其肾功能恶化，避免出现严重的合并症。在治疗方法上，主要是通过药物控制血压，减少尿蛋白等。另外，在饮食方面，要限制食物中蛋白质的摄入量，建议优质低蛋白饮食，如食用鸡蛋、牛奶、牛羊肉等；同时还要限制食用含磷的食物，如动物内脏、海鲜等食物应尽量少吃。此外，还要避免出现感染、过度劳累、妊娠和服用肾毒性药物等加重肾损害的情况。

14 否则　fǒuzé　*conj.*
or else

15 肾衰竭　shènshuāijié　*n.*
renal failure
衰竭　shuāijié　*v.*
to fail physically

16 延缓　yánhuǎn　*v.*
to delay, to postpone

17 恶化　èhuà　*v.*　to worsen,
to deteriorate

18 合并症　hébìngzhèng　*n.*
comorbidity

19 尿蛋白　niàodànbái　*n.*
urinary protein

20 限制　xiànzhì　*v.*
to restrict, to limit

21 食用　shíyòng　*v.*　to eat

22 含　hán　*v.*　to contain

23 磷　lín　*n.*　phosphorus

24 内脏　nèizàng　*n.*　viscera

25 海鲜　hǎixiān　*n.*　seafood

26 肾毒性　shèndúxìng　*n.*
renal toxicity

27 损害　sǔnhài　*v.*　to injure,
to damage

活动

答一答

（1）慢性肾小球肾炎有哪些症状？

（2）慢性肾小球肾炎在饮食上要注意些什么？

说一说

小组活动：四人一组，每人轮流以医生的身份向大家介绍慢性肾小球肾炎，其他三人做好记录。

慢性肾小球肾炎简称"慢性肾炎"……

任务操练

实践

两人一组，根据图片场景，使用下列词语，模拟医生对慢性肾小球肾炎病人的问诊。

场景提示：病人因出现腰部酸痛、全身乏力、头晕等症状就诊，医生询问病人症状，给病人做相关检查，并给出治疗建议。

参考词语：腰部酸痛　乏力　尿量较少　慢性肾小球肾炎　药物治疗　海鲜

  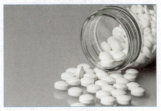 

练习

（一）词语搭配

询问	海鲜	尿量	浮肿
体温	酸痛	眼睑	恶化
食用	病史	肾功能	减少
腰部	正常	病情	衰竭

（二）选择正确的词语填空

心率　阳性　汇报　针对　损害　限制　内脏　含

1.（　　）这个问题，大家提出了不同的意见和建议。

2. 护士向医生（　　）了6床病人的情况。

3. 便秘（biànmì，constipation）人群要调整饮食习惯，多吃（　　）膳食纤维（shànshí xiānwéi，dietary fiber）的食物。

4. 动物的（　　）属于高脂肪食物，高血压患者应尽量少吃或不吃。

5. 从医学角度来说，一般（　　）代表结果不正常，而阴性代表正常。

6. 为了防止孩子近视，父母应该（　　）孩子每天使用电子产品的时间。

7. 大部分人在剧烈运动后一般都会出现（　　）加快的现象。

8. 看书时，如果姿势不当或光线不好，就容易（　　）视力。

（三）组词成句

1. 显示　升高　白细胞数　血常规　明显　检查结果

2. 应该　认为　什么　采用　您　治疗方案

　　_____

3. 少吃　医生　尽量　海鲜　建议　他

　　_____

4. 可能　肾衰竭　发展　慢性肾炎　会　为

　　_____

5. 延缓　这种　可以　肾功能　药物　恶化

　　_____

（四）用指定词语或结构完成对话

1. A：妈，我的咳嗽好多了，今天能吃辣（là，hot）的吗？

　　B：你咳嗽还没完全好，最好别吃辣的，_____。（否则）

2. A：听说昨天你们班_____，你知道她的名字吗？

　　　　　[处所词＋动词＋趋向补语／结果补语（＋了）＋数量短语＋人／物]

　　B：不知道，昨天我请假了，没来上学。

3. A：你就要搬家了啊，那你现在住的房子怎么办？

　　B：我打算_____，这样可以增加一点儿收入。（"把"字句）

4. A：儿子，你都毕业六年了，还不打算结婚吗？

　　B：妈，我现在还年轻，只想_____，暂时不想结婚。

　　　　　　　　　　　　　　　　　　　　　　　　（以……为主）

5. A：我的电脑坏了，你知道谁能帮忙修一下吗？

　　B：可以去找小李，_____，他就是一个专家。（在……方面）

（五）阅读语段，选择与语段意思一致的一项

1. 肾衰竭是指由于各种原因导致的肾功能减退，分为急性肾衰竭和慢性肾衰竭。对

于急性肾衰竭，治疗的基本原则是积极治疗原发病（yuánfābìng，protopathy），预防急性肾衰竭并发症的发生；而慢性肾衰竭一般是无法治愈的，但我们可以通过积极治疗来延缓疾病的发展。

A. 肾衰竭患者的肾脏功能不足

B. 急性肾衰竭都会产生并发症

C. 慢性肾衰竭一般无法治疗

2. 预防肾结石，首先要注意调整饮食习惯，增加水分的摄入量，减少钠盐（nàyán，sodium salt）和动物蛋白的摄入，少吃草酸（cǎosuān, oxalic acid）含量高的食物，如菠菜、大豆制品等。其中，保证充足的饮水量是预防肾结石最有效的办法。一些口服药物也可以预防肾结石，不过这需要在专业医师的指导下进行。

A. 肾结石患者要减少蛋白的摄入量

B. 平时多喝水有助于预防肾结石

C. 口服药物无法预防肾结石

（六）请根据"任务一"中的示例内容，简要描述患者徐立的主要症状、诊断情况及治疗方案

拓展学习

一、词汇

"肿"和"胀"

　　在医学上，"肿"和"胀"都有体积（tǐjī，volume）变大的意思。"肿"一般指皮肤、黏膜或肌肉组织由于局部循环发生障碍、发炎、化脓、内出血等原因而突起，如"水肿"指人体组织的间隙有过多液体聚集，导致该组织体积变大。"胀"一般指身体内壁由于受到气体或异物（yìwù，foreign matter）压迫而产生不舒服的感觉，如"腹胀"指肠道内气体过多，压迫肠道内壁，使人感觉不舒服。

易混淆词	医学词汇
肿	浮肿、水肿、囊肿（cyst）
胀	腹胀、胀气、肿胀

二、阅读

西医和中医眼中的肾

　　西医和中医都认为，肾的排毒功能对人体健康具有重要的意义。然而，西医所说的"肾"和中医所说的"肾"，名称虽然一样，但概念却不同。

　　在西医眼中，肾指的是位于

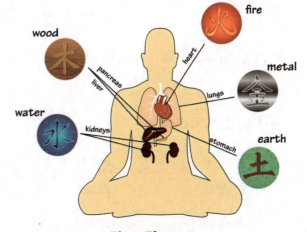

Five Elements

人体脊柱两侧的肾脏器官，它主要有三大功能：①生成尿液，排泄代谢产物。人体在新陈代谢过程中产生的绝大部分废物是肾小球过滤、肾小管分泌后，随尿液排出体外的。②维持体液平衡和体内酸碱平衡。尿液被排出体外，体液得到平衡，体内酸碱环境才能得以调节，从而维持体内环境平衡稳定。③分泌激素。肾脏分泌的促红细胞生成素、前列腺素等均参与了人体的机能调节。西医在评估肾脏的这些功能时，一般会采用一系列的化验和检查，比如尿常规、肾功能动态显像、双肾 B 超或彩超等。

与西医相比，中医眼中的"肾"比较抽象，范围也较广，包括了西医所说的泌尿系统、生殖系统和呼吸系统。中医认为，肾主水，主纳气，主藏精，主二便。所谓"肾主水"，是指人体的水代谢是在肾的作用下进行，并通过呼吸和大小便排出体外的。"肾主纳气"，是指肾影响着人体正常的呼吸深度。"肾主藏精"，是指人体生化的精气均储存于肾中，而这些精气直接影响着人体各器官的功能，比如生殖遗传功能。"肾主二便"，是指肾影响着人体大小便的正常排泄。当一个人肾气足时，他往往表现为呼吸深长、毛发乌亮、生理功能正常、精神面貌好；而当肾气亏损时，其排水能力下降，常表现为下肢水肿、眼睑浮肿等。当肾虚、筋骨失养时，人则会出现腰酸腿痛、足跟痛等症状。

（一）重要医学词语

1. 排毒	páidú	v.	to repel toxin
2. 脊柱	jǐzhù	n.	vertebral column
3. 排泄	páixiè	v.	to excrete

4. 新陈代谢	xīnchén-dàixiè		metabolism
5. 肾小管	shènxiǎoguǎn	*n.*	renal tubule
6. 体液	tǐyè	*n.*	body fluid
7. 酸碱平衡	suānjiǎn pínghéng		acid-base balance
8. 促红细胞生成素	cù hóngxìbāo shēngchéngsù	*n.*	erythropoietin
9. 化验	huàyàn	*v.*	to conduct a physical/chemical examination
10. 泌尿系统	mìniào xìtǒng	*n.*	urinary system
11. 生殖系统	shēngzhí xìtǒng	*n.*	genital system
12. 水代谢	shuǐ dàixiè		water metabolism

（二）阅读材料，回答问题

1. 西医认为，肾有哪些功能？

_____

_____

_____

2. 按照中医理论，一个人肾气足表现在哪些方面？

_____

_____

_____

自我评估

一、生词知多少

你认识下列词语吗？如果认识，请在词语前的"□"里画"√"；如果不认识，请再复习复习。

□ 汇报	□ 自诉	□ 晨起	□ 解
□ 既往	□ 心率	□ 多发	□ 叩痛
□ 阳性	□ 浊音	□ 阴性	□ 肠鸣音
□ 损害	□ 潜血	□ 输尿管	□ 膀胱
□ 酸痛	□ 头晕	□ 限制	□ 眼睑
□ 浮肿	□ 肾小球肾炎	□ 蛋白尿	□ 血尿
□ 水肿	□ 合并症	□ 肾衰竭	□ 延缓
□ 恶化	□ 尿蛋白	□ 内脏	□ 肾毒性

👍 掌握了 29～32 个：非常好，为你点赞！

👆 掌握了 25～28 个：不错，继续努力！

📖 掌握了 24 个及以下：好好复习，下次加油！

二、你知道怎么说吗？

你知道下列医学表达用在什么场景中吗？请选择合适的场景。

1. 彩超显示双肾多发结石。　　　　（　　）
2. 结石直径有 1.2 厘米。　　　　　（　　）
3. 采用体外震波碎石术。　　　　　（　　）
4. 眼睑出现浮肿。　　　　　　　　（　　）
5. 限制食用含磷的食物。　　　　　（　　）

A

B

C

D

E

第十五课
肺腺癌属于恶性肿瘤

 主题热身

一、给下列词语选择对应的图片

A

B

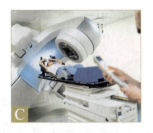
C

D

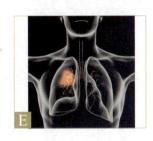
E

F

1. 污染＿＿＿＿＿＿

2. 肿瘤＿＿＿＿＿＿

3. 放疗＿＿＿＿＿＿

4. 脱发＿＿＿＿＿＿

5. 辐射＿＿＿＿＿＿

6. 穿刺＿＿＿＿＿＿

二、听对话，选择正确答案

1. 老邓是做什么工作的？

　　A. 司机　　　　　　B. 医生　　　　　　C. 环卫工人

2. 老邓怎么了？

　　A. 头疼　　　　　　B. 咳嗽　　　　　　C. 发烧

3. 关于老邓，下面哪一项是正确的？

　　A. 没戴口罩　　　　B. 感冒了　　　　　C. 肺部感染了

扫描二维码，获取
听力音频

任务一　肺癌治疗方案的介绍

准备

语言点　介词：作为

🎙 读一读

读句子，选择与句子意思一致的一项

那我们作为家属，可以做些什么呢？

A. 那我们的家属可以做些什么呢？

B. 那我们为家属可以做些什么呢？

C. 那我们家属可以做些什么呢？

📖 学一学

　　介词"作为"指从人的某种身份或事物的某种性质来说，后面常跟名词性短语。当"作为 + 名词性短语"泛指一般情况时，该介宾结构位于句首做状语，后续句的主语一般省略，由介宾结构中的"名词性短语"充当；当"作为 + 名词性短语"特指某个人或某个事物时，主语既可以出现在介词"作为"之前，也可以出现在后续句句首。

例句

（1）作为一个年轻人，应该有远大（yuǎndà，ambitious）的理想。

（2）我作为一名留学生，应该努力提高自己的汉语水平。

（3）作为一种微创手术，显微血管减压术开口小，创伤小，预后良好。

☑ 练一练

用"作为 + 名词性短语"改写句子

（1）我是一名医学专业的学生，应该把治病救人当作（dàngzuò，to treat/regard as）职业理想。

（2）老年人应该定期体检，做好健康保健工作。

_____。

（3）你是病人，应该按照医嘱（yīzhǔ，doctor's advice）去做。

_____。

示例

+ 地点：胸外科住院部
+ 医生：罗书宏
+ 家属：刘珍

扫描二维码，获取
课文和生词音频

刘　珍：罗医生，您好！我是 6 床邓大伟
　　　　的家属。

罗书宏：您好，请坐！

刘　珍：请问我丈夫的肺部穿刺病理报告
　　　　出来了吗？

罗书宏：出来了。情况不太乐观，您得有
　　　　个心理准备[1]。病理报告显示是
　　　　肺腺癌。

刘　珍：什么是肺腺癌？

罗书宏：肺腺癌是肺癌的一种，属于恶
　　　　性肿瘤。

刘　珍：他平时就是有点儿咳嗽、胸痛、
　　　　背痛什么的，怎么可能是癌症呢？

生 词

❶ 家属　jiāshǔ　n.
family member

❷ 丈夫　zhàngfu　n.　husband

❸ 穿刺　chuāncì　v.
to puncture

❹ 病理　bìnglǐ　n.　pathology

❺ 肺腺癌　fèixiàn'ái　n.
pulmonary adenocarcinoma

❻ 肺癌　fèi'ái　n.　lung cancer

❼ 恶性　èxìng　adj.
malignant

❽ 肿瘤　zhǒngliú　n.　tumor

❾ 癌症　áizhèng　n.　cancer

罗书宏：您先平复一下儿心情。

刘　珍：医生，我丈夫这种情况该怎么治疗？能做手术吗？

罗书宏：针对您丈夫目前的情况，我们考虑先给他做化疗和放疗。

刘　珍：化疗和放疗都要做吗？它们有什么不同？

罗书宏：化疗和放疗都是治疗恶性肿瘤的常用方法。化疗是通过药物抑制癌细胞生长的一种全身治疗方法，而放疗是利用放射线治疗肿瘤的一种局部治疗方法。

刘　珍：那我们作为家属，可以做些什么呢？

罗书宏：化疗和放疗都有一定的副作用，病人通常会出现呕吐、脱发、厌食等症状。作为家属，你们要耐心陪伴病人，多给他一些鼓励，让他配合治疗。

刘　珍：好的，谢谢您，我们一定积极配合治疗。

⑩ 平复　píngfù　v.
to calm down

⑪ 化疗　huàliáo　n.
chemotherapy
⑫ 放疗　fàngliáo　n.
radiotherapy

⑬ 癌细胞　áixìbāo　n.
cancer cell
⑭ 放射线　fàngshèxiàn　n.
radioactive ray
⑮ 局部　júbù　n.　part
⑯ 作为　zuòwéi　prep.　as

⑰ 副作用　fùzuòyòng　n.
side effect
⑱ 脱发　tuōfà　v.
to lose one's hair, to suffer from alopecia
⑲ 耐心　nàixīn　adj./n.
patient; patience
⑳ 陪伴　péibàn　v.
to accompany
㉑ 配合　pèihé　v.　to cooperate

Note：

1. 心理准备：医患沟通时的常用语，指由于病情严重，患者或家属对接下来的病情发展或可能出现的最坏结果要在心理上做好准备。常见表达如"有个心理准备""做好心理准备"等。

活动

答一答

（1）邓大伟的穿刺病理报告结果怎么样？

（2）肺腺癌的治疗方法有哪些？

说一说

小组讨论：肺癌有哪些典型症状？要做哪些检查？讨论后请在下面对应的词语前面画"√"。如果还有别的症状和检查，请写在后面。

□ 持续咳嗽

□ 胸部疼痛

□ 呼吸困难

其他症状：＿＿＿＿＿＿＿＿＿＿＿＿＿＿＿＿＿＿＿＿＿＿＿＿

□ 血液常规检查

□ 肺部 CT 检查

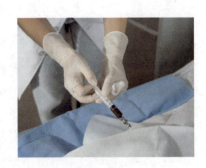
□ 肺部穿刺活检
（huójiǎn，to conduct a biopsy）

其他检查：＿＿＿＿＿＿＿＿＿＿＿＿＿＿＿＿＿＿＿＿＿＿＿＿

读一读

读 CT 诊断报告单，判断正误

×× 医院 CT 诊断报告单

姓名：邓大伟　　　性别：男　　　　年龄：55　　　　　申请科室：胸外科

住院号：45978372　　　门诊号：18593428　　　　检查日期：××-××-××

病人ID：58473050　　　影像号：349673729　　　报告日期：××-××-××

影像表现：

右侧叶间胸膜不均匀增厚并边缘毛糙，增强后呈不均匀轻中度强化。右肺中叶体积缩小，其内见不规则软组织肿块影，边缘毛糙，并可见支气管走行僵直（jiāngzhí, stiff and rigid）、远端截断，左肺内见点状钙化影。双肺近胸膜下可见散在小结节影，最大者直径约 15.0mm，增强后呈均匀强化。右肺门旁可见肿大淋巴结，纵隔内未见明显肿大淋巴结。心影增大。右侧胸腔内可见弧形液体样密度影。

影像诊断：

1. 右侧叶间胸膜团块样增厚，右侧胸膜多发结节样增厚，增强后可见强化，考虑恶性可能性大，建议查原发灶或穿刺活检；

2. 右侧胸腔积液；

3. 左肺上叶条索影考虑陈旧性病变；

4. 心影增大。

（1）患者右肺中叶内可见不规则软组织肿块影。　　　　　　　　（　　）

（2）患者左肺门旁可见肿大淋巴结。　　　　　　　　　　　　　（　　）

（3）患者还需要查原发灶或穿刺活检。　　　　　　　　　　　　（　　）

任务二　疾病介绍：肺癌

准备

语言点　介词：关于

🎙 读一读

读句子，选择与句子意思一致的一项

关于肺癌的病因及发病机制，医学界仍未有定论。

A. 针对肺癌的病因及发病机制，医学界仍未有定论

B. 对待肺癌的病因及发病机制，医学界仍未有定论

C. 有关肺癌的病因及发病机制，医学界仍未有定论

📖 学一学

　　介词"关于"用于引出所涉及的对象，后可加名词性短语、动词性短语或小句，构成"关于＋名词性短语/动词性短语/小句"结构。做状语时，该结构一般用在句首。"关于"还可构成名词性短语"关于……的＋名词"。

例句

（1）关于这个事件的新闻，大家都已经看到了。

（2）关于节约用水，学校正在制订相关规定。

（3）这是一首关于爱情的歌曲。

"关于"和"对于"

辨析

　　"关于"和"对于"均为介词，都用于引出对象。前者强调所涉及的对象，后者强调明确指出的对象。"关于……"做状语时，一般只用在主语前；而"对于……"做状语时，可用在主语前，也可用在主语后。另外，"关于"还可构成名词性短语"关于……的＋名词"，而"对于"却不能。

例句

（1）关于 / 对于这个问题，我们一定会尽快解决。

（2）我对于 / *关于中医方面的知识很感兴趣。

（3）这是一门关于 / *对于中国传统文化的课。

✅ **练一练**

根据提示结构，完成句子

（1）这是＿＿＿＿＿＿＿＿的电影，小朋友们都喜欢看。（关于……的＋名词）

（2）＿＿＿＿＿＿＿＿＿＿＿＿＿，我们作为中医专业的学生必须要学习。

（关于＋名词性短语 / 动词性短语 / 小句）

（3）＿＿＿＿＿＿＿＿＿＿＿＿＿，全家讨论了一晚上也没确定下来。（关于＋名词

性短语 / 动词性短语 / 小句）

🔲 示例

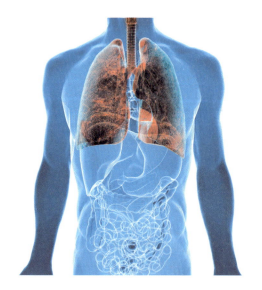

扫描二维码，获取
课文和生词音频

肺癌是最常见的肺部原发性恶性肿瘤，它起源于呼吸上皮细胞。肺癌早期[1]的症状并不明显，患者可能只会出现咳

生 词

① 原发性　yuánfāxìng　*n.* primary

② 起源　qǐyuán　*v.* to originate from

③ 上皮细胞　shàngpí xìbāo *n.* epithelial cell

嗽、咳痰、咯血等症状。病情恶化后，癌细胞可向全身扩散。如果出现骨转移[2]，患者会有骨痛的症状；如果出现胸膜转移，患者胸腔内会出现大量积液；如果出现肝转移，患者可能会出现黄疸、肝功能异常等症状。到了肺癌晚期，患者还可能出现消瘦、恶病质、贫血等营养不良征象。

　　关于肺癌的病因及发病机制，医学界[3]仍未有定论。但大量证据显示，肺癌与吸烟、职业暴露、空气污染、电离辐射、饮食、遗传、肺部病史等因素有关。其中，吸烟是肺癌最主要的致病因素，因为烟草中含有大量致癌物质，会严重危害吸烟者和被动[4]吸烟者的健康。

　　治疗肺癌一般需要根据患者的病情采取个体化治疗方案。针对肺癌早期患者，我们通常采用手术、放疗或化疗等传统方法进行治疗，部分患者可临床治愈；而针对肺癌晚期患者，我们通常采

④ 扩散　kuòsàn　v.
to spread

⑤ 骨转移　gǔzhuǎnyí　n.
bone metastasis

⑥ 胸膜　xiōngmó　n.　pleura

⑦ 胸腔　xiōngqiāng　n.
thoracic cavity

⑧ 积液　jīyè　n.
hydrops, dropsy

⑨ 肝　gān　n.　liver

⑩ 晚期　wǎnqī　n.　advanced
stage

⑪ 消瘦　xiāoshòu　adj.
emaciated

⑫ 恶病质　èbìngzhì　n.
cachexia

⑬ 贫血　pínxuè　v.
to suffer from anemia

⑭ 关于　guānyú　prep.　about

⑮ 病因　bìngyīn　n.
cause of disease

⑯ 机制　jīzhì　n.　mechanism

⑰ 界　jiè　suf.　circle, world

⑱ 定论　dìnglùn　n.
final conclusion

⑲ 暴露　bàolù　v.　to expose

⑳ 污染　wūrǎn　v.　to pollute

㉑ 电离辐射　diànlí fúshè
ionizing radiation
辐射　fúshè　v.　to radiate

㉒ 致　zhì　to cause

㉓ 烟草　yāncǎo　n.　tobacco

㉔ 被动　bèidòng　adj.　passive

㉕ 个体化　gètǐhuà　n.
individuation

㉖ 传统　chuántǒng　adj./n.
traditional; tradition

用化疗与靶向治疗、免疫治疗等新兴治疗方法相结合的方式进行治疗，把延长生命、保证生活质量作为主要治疗目标。

㉗ 靶向　bǎxiàng　*n.*　targeting

㉘ 新兴　xīnxīng　*adj.*
emerging

㉙ 延长　yáncháng　*v.*
to lengthen

㉚ 质量　zhìliàng　*n.*　quality

Note：

1. 期：在医学上，我们在表示疾病的发展阶段时，常用"数字＋期"或"早／中／晚＋期"表达。

2. 转移：在医学上指除了在原部位生长外，还到新的部位生长，与"扩散"意思相近。

3. 界："职业／专业＋界"表示该领域的群体，如"医学界""教育界""新闻界"等。

4. 被动：与"被动"相对的是"主动"。

活动

答一答

（1）肺癌晚期有哪些症状？

（2）肺癌的致病因素有哪些？

说一说

小组活动：四人一组，每人轮流以医生的身份向大家介绍肺癌，其他三人做好记录。

肺癌是最常见的肺部原发性恶性肿瘤，它……

任务操练

实践

两人一组，根据图片场景，使用下列词语，模拟医生对肺癌病人的问诊。

场景提示： 病人因经常出现咳嗽、胸痛等症状就诊，医生询问病人症状，给病人做相关检查，并确诊病情。

参考词语： 咳嗽　咯血　胸痛　肺部 CT　穿刺活检　肺癌

练习

（一）词语搭配

配合	生命
陪伴	治疗
延长	心情
平复	家人

穿刺	物质
致癌	肿瘤
恶性	治疗
局部	报告

（二）选择正确的词语填空

耐心　病理　贫血　副作用　病因　延长　传统　扩散

1. 由于长期营养不良，小女孩儿出现了严重的（　　）症状。

2. 沃伦、马歇尔两位科学家发现大多数胃溃疡的（　　）是幽门螺杆菌感染。

3. 放疗和化疗是治疗肺癌的（　　）方法。

4. 王教授总是（　　）地回答学生们提出的问题。

5. 一般来说，药物都有一定的（　　），不同服药者的表现会有所不同。

6. 癌症患者应保持良好的心态（xīntài, state of mind），焦虑、不安等情绪可能会使免疫力下降，容易导致癌细胞（　　）。

7. 她很想继续学汉语，决定把学习汉语的时间（　　）一年。

8. 患者肺部的肿瘤还需等（　　）报告出来后再做诊断。

（三）组词成句

1. 症状　这种　早期　不太　疾病的　明显

_____

2. 家属　应该　治疗　患者和　配合　积极

_____

3. 发展到　他的　已经　晚期　胃癌　了

_____

4. 最主要的　吸烟　肺癌　是　致病　因素

_____

5. 说明　癌细胞　这　正在　转移

_____

（四）用指定词语或结构完成对话

1. A：这是什么书？值得看吗？

   B：这是_____。如果你对中国历史感兴趣，我建议你好好读

   一读。（关于）

2. A：安娜，新学期开始了，你有什么学习计划吗？

   B：当然有。_____，我要努力学习汉语，这样下学期我就可

   以顺利进入专业学习了。（作为）

3. A：听说赵老师的课非常受欢迎，是这样的吗？

   B：是的，他总是把_____，这样学生既容易听懂，又能很快

   地将知识用在生活中。（……与……相结合）

4. A：我可以在这儿吸烟吗？

   B：不行，这儿是办公区，_____，任何人都不能在办公区内吸烟。

   （根据）

5. A：为什么现在这么多人得肺癌呀？

   B：肺癌_____，你看现在空气质量多么差！（与……有关）

（五）阅读语段，选择与语段意思一致的一项

1. 一般人们所说的"癌症"指的是医学上的恶性肿瘤，但在实际诊断中，医生通常
   不使用"癌症"这一名称，而使用"癌"或"瘤"来指代各种恶性肿瘤。癌可发
   生于各个年龄段，并且随着年龄的增长更易发病，尤其是到了40岁以后，癌的
   发病率会明显升高。

   A. 癌一般指各种恶性肿瘤

B. 医生不喜欢用"癌症"这一名称

C. 癌症无法治愈

2. 化疗，也就是化学（huàxué，chemistry）药物治疗，是指通过使用化学药物来杀灭（shāmiè，to kill）癌细胞。它与手术、放疗一起并称为癌症的三大治疗手段，常用于治疗各种恶性肿瘤。不过，化疗的过程中容易产生一些副作用，这会给患者带来不少痛苦。

A. 手术不是癌症的治疗手段

B. 化疗可以治好各种恶性肿瘤

C. 对于患者来说，化疗的过程是痛苦的

（六）请根据"任务一"中的示例内容，简要描述患者邓大伟的主要症状、诊断情况及治疗方案

📖 拓展学习

一、词汇

"原发"和"继发"

　　在医学上，"原发"是指某种疾病最先发生于某个组织或器官，那该疾病就该组织或器官而言就是原发的，如"原发感染"是指在特定部位出现了首次感染。而"继发"是指某种疾病发生在其他疾病的基础之上，或是因其他病因引发的，如"继发感染"是指在原发感染的基础上，出现了其他病原微生物的感染。

易混淆词	医学词汇
原发	原发齲、原发感染、原发性、原发病灶
继发	继发齲、继发感染、继发性、继发症

二、阅读

吸烟与肺病

　　自从烟草在世界范围内流行以后，人类整体的肺癌发病率就开始持续升高。一些肺部疾病已经成为老龄人口中的常见病，如肺气肿、肺大疱、慢性支气管炎和慢性阻塞性肺疾病等。大量临床数据显示，许多和吸烟有关的肺部疾病都是致死

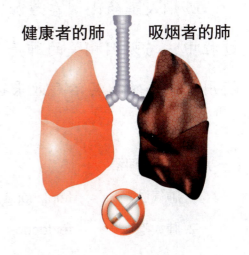

健康者的肺　　吸烟者的肺

性疾病。

当烟草中的有害物质进入人体后，其主要通过气管及各级支气管到达肺部深处，所以最先受到毒害的就是气管和支气管。在吸烟时间不长和吸烟量不大的时候，气管炎和支气管炎就会相伴而来。吸烟过程中发生的呛咳或小咳嗽，其实就是轻度气管炎和支气管炎的症状。随着吸烟时间变长，轻度气管炎和支气管炎就会发展为慢性气管炎和慢性支气管炎。

慢性支气管炎形成后，若还任其发展，肺部就会产生肺大疱和肺气肿，肺功能也随之下降，此时患者会感受到明显的气喘和活动受限。当肺功能下降到一定程度之后，就形成了慢性阻塞性肺疾病。此时，肺功能已经完全无法恢复，用药只是为了缓解症状、提高生活质量。

慢性阻塞性肺疾病继续发展，就会导致肺组织中的大量血管损伤闭塞，大血管的压力随之增大，心脏的泵血负担也随之增加。久而久之，负责给肺部泵血的右心房和右心室功能丧失，最终形成慢性肺源性心脏病，甚至导致心力衰竭。

当然，最可怕的是吸烟更易诱发肺癌。目前数据虽然显示肺癌患者中非吸烟人群的比例在增加，但吸烟仍是导致肺癌的最大原因。在治疗过程中，与吸烟相关的肺癌类型使用放疗和化疗的效果都比较差；即使使用靶向药物，其治疗效果也难以尽如人意。

（一）重要医学词语

1.肺气肿	fèiqìzhǒng	*n.*	pulmonary emphysema
2.肺大疱	fèidàpào	*n.*	pulmonary bulla

3. 呛咳	qiàngké	v.	to suffer from choking cough
4. 气喘	qìchuǎn	v.	to suffer from asthma
5. 泵血	bèng xiě		to pump blood
6. 右心房	yòuxīnfáng	n.	right atrium
7. 右心室	yòuxīnshì	n.	right ventricle
8. 肺源性心脏病	fèiyuánxìng xīnzàngbìng		cor pulmonale
9. 心力衰竭	xīnlì shuāijié		heart failure
10. 比例	bǐlì	n.	ratio

（二）阅读材料，回答问题

1. 吸烟会引起哪些肺部疾病？这些疾病的发展顺序是怎样的？

_____

_____

_____

2. 在治疗效果上，与吸烟相关的肺癌类型有什么特点？

_____

_____

自我评估

一、生词知多少

你认识下列词语吗？如果认识，请在词语前的"□"里画"√"；如果不认识，请再复习复习。

□ 家属	□ 穿刺	□ 病理	□ 肺腺癌
□ 骨转移	□ 肺癌	□ 局部	□ 晚期
□ 化疗	□ 放疗	□ 放射线	□ 癌细胞
□ 副作用	□ 脱发	□ 配合	□ 原发性
□ 起源	□ 恶性	□ 肿瘤	□ 上皮细胞
□ 扩散	□ 胸膜	□ 胸腔	□ 积液
□ 消瘦	□ 恶病质	□ 贫血	□ 病因
□ 电离辐射	□ 致	□ 靶向	□ 癌症

👍 掌握了 27 ～ 32 个：非常好，为你点赞！

✊ 掌握了 21 ～ 26 个：不错，继续努力！

📖 掌握了 20 个及以下：好好复习，下次加油！

二、你知道怎么说吗？

你知道下列医学表达用在什么场景中吗？请选择合适的场景。

1. 做肺部穿刺。 （　　）
2. 做化疗和放疗。 （　　）
3. 要耐心陪伴病人。 （　　）
4. 吸烟是肺癌最主要的致病因素。 （　　）
5. 采用靶向治疗。 （　　）

A

B　　　　　　C　　　　　　D　　　　　　E

外伤引起的颅内血肿得马上手术

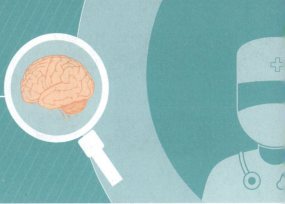

 主题热身

一、给下列词语选择对应的图片

A

B

C

D

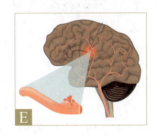

E

F

1. 按摩_____
2. 瞳孔_____
3. 救护车_____

4. 车祸_____
5. 雾化_____
6. 颅内血肿_____

二、听对话，选择正确答案

1. 男的拨打了哪个电话？

   A. 110   B. 119   C. 120

2. 受伤人员情况怎么样？

   A. 头疼   B. 头晕   C. 头部流血

3. 根据对话，下面哪一项是正确的？

   A. 现场有两名受伤人员

   B. 受伤人员躺在地上动不了

   C. 受伤人员有意识，呼吸正常

扫描二维码，获取
听力音频

任务学习

任务一　颅内血肿病人情况的介绍

准备

语言点　转折复句：……X 是 X，不过/就是……

读一读

读句子，选择与句子意思一致的一项

这位患者的情况稳定是稳定了，不过我们还要对他进行密切监测。

A. 由于这位患者的情况不稳定，所以我们还要对他进行密切监测

B. 虽然这位患者的情况稳定了，但是我们还要对他进行密切监测

C. 如果这位患者的情况稳定了，我们还要对他进行密切监测

学一学

　　"……X 是 X，不过/就是……"是转折复句，前句陈述已然事实，后句对已然事实进行修正，或补充与已然事实相对立的内容。

> **例句**
> （1）你的话有道理是有道理，不过也不全对。
> （2）这部手机好用是好用，就是有点儿贵。
> （3）上下班坐地铁方便是方便，就是人有点儿多。

练一练

用转折复句"……X 是 X，不过/就是……"完成句子

（1）武汉热干面好吃是好吃，不过＿＿＿＿＿＿＿＿＿＿＿＿＿＿＿＿。

（2）你的建议＿＿＿＿＿＿＿＿＿＿＿＿＿＿＿，不过我还是不能听你的。

（3）她唱歌唱得好是好，就是＿＿＿＿＿＿＿＿＿＿＿＿＿＿＿＿。

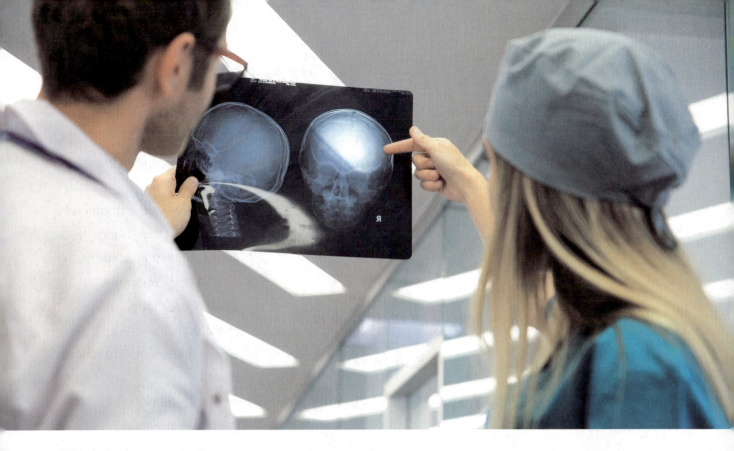

示例

- ⊕ 地点：神经外科住院部
- ⊕ 主治医生：宋云飞
- ⊕ 实习生：艾美（留学生）

扫描二维码，获取课文和生词音频

宋云飞：艾美，重症监护病房[1] 刚转来一位病人，你来负责。

艾　美：好的，宋老师。这位病人是什么情况？

宋云飞：这是他的病历，你先看看吧。

艾　美：金龙，男，28 岁。6 天前因[2] 车祸致头部外伤入院……

宋云飞：这位病人送来的时候已经没有意识了，呼吸和脉搏微弱，情

生　词
① 重症监护病房 zhòngzhèng jiānhù bìngfáng *n.* intensive care unit, ICU 重症　zhòngzhèng　*n.* severe case
② 车祸　chēhuò　*n.* car accident
③ 外伤　wàishāng　*n.* trauma, injury
④ 脉搏　màibó　*n.* pulse
⑤ 微弱　wēiruò　*adj.* weak

·95·

况很危险。

艾　美：他的急诊头部 CT 显示双侧额叶脑挫裂伤，颅内有血肿。病历上记录他当时就全麻做了颅内血肿清除手术。

宋云飞：是的。外伤引起的颅内血肿得马上手术。术后他又在重症监护病房里观察了好几天，现在他的病情已经稳定了，就转到我们科了。

艾　美：宋老师，我是第一次做管床医生[3]，需要注意些什么呢？

宋云飞：这位患者的情况稳定是稳定了，不过我们还要对他进行密切监测，监测他的颅内压、瞳孔、呼吸、心率、血压、体温及尿量等的变化。只要出现异常，就马上汇报。

艾　美：好的，我知道了。我现在就去看看这位病人。

---

⑥ 双侧　shuāngcè　*n.*
both sides

⑦ 额叶　éyè　*n.*　frontal lobe

⑧ 挫裂伤　cuòlièshāng　*n.*
contusion and laceration

⑨ 颅　lú　*n.*　cranium

⑩ 血肿　xuèzhǒng　*n.*
hematoma

⑪ 记录　jìlù　*v./n.*　to record;
record

⑫ 全麻　quánmá　*adj.*
generally anesthetic

⑬ 颅内血肿　lú'nèi xuèzhǒng
intracranial hematoma

⑭ 管床医生　guǎnchuáng
yīshēng　resident doctor

⑮ 密切　mìqiè　*adj.*
careful, close

⑯ 颅内压　lú'nèiyā　*n.*
intracranial pressure

⑰ 瞳孔　tóngkǒng　*n.*
pupil (of the eye)

Note：

1. 重症监护病房：简称 ICU。
2. 因：介词，引出原因，常用于书面语。
3. 管床医生：又称"住院医生"。住院部每位病人除管床医生外，还配有主治医生。

活动

答一答

（1）患者的头部 CT 结果怎么样？

（2）患者做了什么手术？术后要注意监测什么？

说一说

小组讨论： 外伤引起的颅内血肿有哪些典型症状？要做哪些检查？讨论后请在下面对应的词语前面画"√"。如果还有别的症状和检查，请写在后面。

 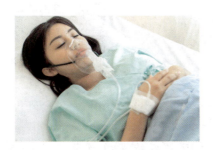 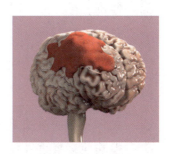

☐ 头痛　　　　　　　☐ 昏迷　　　　　　　☐ 颅内出血

其他症状：_____

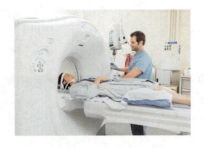  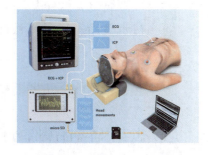

☐ 头部 CT 检查　　　☐ 头部 MRI 检查　　　☐ 颅内血压监测

其他检查：_____

📝 **读一读**

读入院记录单，判断正误

×× 医院入院记录单

姓名：金龙　　　科别：重症监护病房　　　床号：03　　　住院号：354794242

姓名：金龙　　　　　　　　　　　出生地：×× 省 ×× 市
性别：男　　　　　　　　　　　　职业：其他
年龄：28　　　　　　　　　　　　入院时间：××-××-××
民族：××　　　　　　　　　　　记录时间：××-××-××
婚姻：××　　　　　　　　　　　病史陈述者：患者家属

主诉：车祸后头部外伤昏迷 1 小时余。

现病史：患者于 1 小时前因车祸致头部外伤，由旁人拨打 120 送入我院急诊
　　　　救治。来院后神志昏迷，以颅内损伤收入院。患者自受伤以来，未
　　　　进饮食，未排大便。

既往史：无。

体格检查：T: 36.5℃；P: 65 次 / 分；R: 21 次 / 分；BP: 164 / 97mmHg。

辅助检查：头部 CT。

初步诊断：1. 双侧额叶脑挫裂伤；
　　　　　2. 颅内血肿。

（1）患者因车祸后胸部外伤入院。　　　　　　　　　　　　　　　（　　）

（2）患者入院后做了头部 CT。　　　　　　　　　　　　　　　　（　　）

（3）患者颅内有血肿。　　　　　　　　　　　　　　　　　　　　（　　）

任务二　颅内血肿清除术的术后护理注意事项

🧰 准备

语言点　被动句：主语＋被＋宾语＋动词＋其他成分

🎤 读一读

读句子，选择与句子意思一致的一项

金龙被一辆汽车撞倒了。

A.一辆汽车把金龙撞倒了

B.金龙把一辆汽车撞倒了

C.金龙撞倒了一辆汽车

📖 学一学

　　在被动句"主语＋被＋宾语＋动词＋其他成分"中，"动词"应为及物动词，"主语"是该动词所表动作的受事，"宾语"是该动词所表动作的施事，"其他成分"可以是该动词的补语，也可以是动态助词"了"或"过"。

例句	（1）今天他被老师批评了。 （2）她被孩子的哭声吵醒了。 （3）我的意见很快就被大家接受了。

☑ 练一练

将下列句子改为被动句

（1）今天大家把教室打扫得干干净净。

　　＿＿＿＿＿＿＿＿＿＿＿＿＿＿＿＿＿。

（2）他的话把我气哭了。

_____。

（3）他一个人吃光了这个大西瓜。

_____。

示例

扫描二维码，获取
课文和生词音频

上周五，在骑车去图书馆的路上，金龙被一辆汽车撞倒了。他头部受到了严重的撞击，当时就失去了意识。幸运的是，救护车及时赶到，把他送到了医院。医生给他做了颅内血肿清除手术，病情稳定后，他从重症监护病房转到了普通病房。

金龙在医院得到了医护人员的精心治疗和护理。在他昏迷时，护士每两小

生 词

1. 撞倒 zhuàngdǎo
to knock down
2. 撞击 zhuàngjī _v._
to collide, to dash against
3. 失去 shīqù _v._ to lose
4. 救护车 jiùhùchē _n._
ambulance

5. 医护 yīhù _v._ to cure and nurse
6. 精心 jīngxīn _adj._
meticulous

时给他翻身和叩背一次，并结合雾化治疗[1]，让他及时排出呼吸道分泌物，保持呼吸通畅，避免出现肺部感染。为了预防静脉血栓，护士每三到四小时帮他活动一次肢体、按摩一次肢体肌肉。此外，护士一直密切监测他的意识状态、生命体征、瞳孔等的变化，避免相关并发症的发生。

金龙清醒后，由于担心自己的病情，所以情绪不太稳定。医生跟他说明了病情，并介绍了颅内血肿的相关知识后，才消除了他的恐惧，让他重新建立起了信心。医生还嘱咐他要合理饮食，保证营养均衡，同时积极配合康复训练，争取早日出院。

⑦	翻身	fānshēn	*v.* to turn over
⑧	叩背	kòubèi	*v.* to percuss back
⑨	雾化	wùhuà	*v.* to atomize
⑩	通畅	tōngchàng	*adj.* unobstructed
⑪	按摩	ànmó	*v.* to massage
⑫	状态	zhuàngtài	*n.* state
⑬	清醒	qīngxǐng	*v./adj.* to regain consciousness; conscious, sober
⑭	情绪	qíngxù	*n.* mood
⑮	消除	xiāochú	*v.* to eliminate, to remove
⑯	恐惧	kǒngjù	*adj.* frightened
⑰	康复	kāngfù	*v.* to recover
⑱	训练	xùnliàn	*v.* to train
⑲	早日	zǎorì	*adv.* soon

Note：

1. 雾化治疗：指用雾化的装置将药物分散成微小的雾滴或微粒，使其悬浮于气体中，并进入呼吸道，以达到稀释痰液、治疗炎症的目的。

活动

答一答

（1）护士是怎么护理金龙的？

（2）医生嘱咐金龙要注意什么？

说一说

小组活动： 四人一组，每人轮流以医生的身份向大家介绍颅内血肿清除术的术后护理注意事项，其他三人做好记录。

颅内血肿清除术的术后要注意……

任务操练

实践

三人一组，根据图片场景，使用下列词语，模拟医生、病人和病人家属之间的对话。

场景提示： 病人因车祸头部受伤，被家人送到医院就诊，医生问诊。

参考词语： 车祸　头部流血　意识　头部CT　观察　颅内血肿

   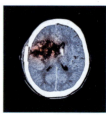

练习

（一）词语搭配

密切	出院
受到	监测
早日	肌肉
按摩	撞击

颅内	通畅
精心	治疗
呼吸	稳定
情绪	血肿

（二）选择正确的词语填空

记录 微弱 瞳孔 车祸 清醒 消除 训练 康复

1. 在（   ）现场，医护人员正在对受伤人员进行紧急救治（jiùzhì, to treat and cure）。

2. 朋友昨晚饮酒过多，到现在还没有（   ）过来。

3. 她一直保持着写日记的习惯，把每天的生活（   ）下来。

4. 监测昏迷患者（   ）的变化，对判断昏迷患者的病情有重要意义。

5. 学生们来医院看望（kànwàng, to call on）于老师，希望他能早日（   ）。

6. 当心脏功能下降后，人就会出现脉搏（   ）的现象。

7. 听音乐、洗热水澡、按摩等都可以有效地帮助我们（   ）疲劳。

8. 篮球队的队员们正在积极准备下一场比赛，他们每天都要（   ）五个小时。

（三）组词成句

1. 外伤 导致 他 重度（zhòngdù, severe） 昏迷 这次

2. 需要　监测　病情　患者的　密切　我们

_____

3. 送到　救护车　他　把　医院　及时　了

_____

4. 得到了　她　家人的　住院时　精心　照顾

_____

5. 这位　现在　稳定　病人的　不太　情绪

_____

（四）用指定词语或结构完成对话

1. A：听说那家饭馆的菜很好吃，晚上我们就去那儿吃饭吧。

   B：_____，我们再看看别的饭馆吧。

   （……X 是 X，不过 / 就是……）

2. A：姐，周末我要跟朋友一起去爬山，你的相机可以借我用用吗？

   B：当然可以，不过_____，明天才能还回来。

   （主语 + 被 + 宾语 + 动词 + 其他成分）

3. A：儿子，你天天熬夜学习，会不会太累了？

   B：妈，您别担心。_____，我必须努力。（为了）

4. A：医生，除了调整看书、写字的姿势，孩子用眼还应该注意什么？

   B：少看手机、电脑等电子产品，饮食上多吃水果和蔬菜，定期做视力检查。

   _____。（此外）

5. A：你认为对我们普通人来说，幸福是什么？

   B：在我看来，_____。（只要……就……）

（五）阅读语段，选择与语段意思一致的一项

1. 脑出血是指原发性、非外伤性脑内血管破裂导致血液聚集（jùjí, to gather）在脑
   实质的一种脑血管疾病，又称"自发性脑出血"，是急性脑血管疾病中致死率最

高的类型。脑出血大多是突然发病，常发生在 50 岁以上且有高血压病史的人群中。

A. 脑出血又称"原发性脑出血"

B. 脑出血的致死率很高

C. 脑出血是由高血压引起的

2. 昏迷一般指意识完全丧失，是危重症的一种表现。昏迷与多种病因有关，比如头部外伤、大脑内有出血或大脑缺氧等都有可能导致昏迷。昏迷可能是暂时的，也可能是永久（yǒngjiǔ，permanent）的。另外，血糖过高或过低、中毒、脑部感染等也会导致昏迷。

A. 昏迷表示病情危重

B. 头部外伤一定会导致昏迷

C. 脑出血引起的昏迷都是暂时的

（六）请根据"任务一"中的示例内容，简要描述患者金龙的主要症状、诊断情况及治疗方案

📖 拓展学习

一、词汇

"血管"和"脉管"

在医学上，"血管"是指血液流通的管道，如"毛细血管"指一种管径比较细小的血管。"脉管"是由心血管系和淋巴系组成的一系列密闭地分布于全身的管道，如"脉管炎"指一种慢性、复发性中、小动脉和静脉的节段性、炎症性疾病。两者虽均可表示血管，但"脉管"除可指血管外，还可指人体的其他管道，如脉管系统中的淋巴管，其内流通的是淋巴液。

易混淆词语素	医学词汇
血管	毛细血管、周围血管征、海绵状血管瘤
脉（管）	脉管瘤、脉管炎、动脉、颈静脉怒张（jugular vein distention）、静脉曲张（varicosity）

二、阅读

古代中国人对头和心的认识

现代医学认为，大脑负责理解触觉、视觉和听觉等所接收到的信息，并对语言、推理和学习等行为进行精细化控制；心脏是为血液流动提供动力的器官。而

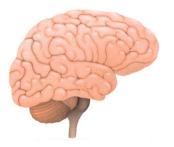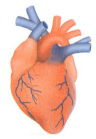

古代中国人对这两个器官的认识却与现代医学不同。在中国古代，大脑被称为"头"或"首"，心脏被称为"心"。古人认为，负责思考的器官是心而不是头。这种观点从一些汉字的结构中就可以看出，比如"思、想、感、忘、情、懂、忆"等都含有心字底"心"或竖心旁"忄"。

那么，古人为什么认为负责思考的器官是心？他们又是如何理解头的呢？

古人发现，心是人体唯一能够感觉到律动的器官。这种律动能够产生动力，使人产生力量；而脑袋里的脑浆软软的，静止不动。人思考是需要动力源泉的，古人自然就想到了持续不断且有节律跳动的心。另外，晚上入睡后，心跳变得平稳而缓慢，此时也是人的思考活动进行得最少的时候；如果做梦了，思维就会变得活跃，心跳也会随之加快。再者，一个人的心跳停止了，也就意味着死亡，思维活动也会随之结束。这些现象叠加在一起，让古人得出了"心是思考器官"的结论。

除了心之外，古人也很重视头的作用，认为头是人体的核心器官。这可以从一些汉语词汇中看出，比如"头领、头等、首领、首要"等表示地位等级高的词语中均含有"头"和"首"。古人通过观察发现，头处于人体最高的位置，人的五官均分布在头部，并且负责视觉、听觉、味觉、嗅觉以及呼吸，人对外界的重要感知均来自头部。

因此，古人认为心是人体最重要的思考器官，同时又非常强调头脑的重要性。不过随着科学的发展，人们很快就意识到了这一错误，并及时做了更正，现在常说的"笨头笨脑、呆头呆脑、冲昏头脑、头脑风暴"等词语就与人的思维有关。

（一）重要医学词语

1. 触觉	chùjué	*n.*	tactile sense
2. 视觉	shìjué	*n.*	visual sense
3. 听觉	tīngjué	*n.*	auditory sense
4. 行为	xíngwéi	*n.*	behavior
5. 律动	lǜdòng	*v.*	to rhythmize
6. 脑浆	nǎojiāng	*n.*	brains
7. 节律	jiélǜ	*n.*	rhythm
8. 味觉	wèijué	*n.*	gustatory sense
9. 嗅觉	xiùjué	*n.*	olfactory sense

（二）阅读材料，回答问题

1. 古代中国人为什么会认为心脏是主要的思考器官？

_____

_____

_____

2. 古代中国人是如何理解大脑的功能的？

_____

_____

_____

自我评估

一、生词知多少

你认识下列词语吗？如果认识，请在词语前的"□"里画"√"；如果不认识，请再复习复习。

□ 重症监护病房	□ 外伤	□ 脉搏	□ 微弱
□ 双侧	□ 额叶	□ 挫裂伤	□ 颅
□ 颅内压	□ 血肿	□ 管床医生	□ 瞳孔
□ 撞击	□ 救护车	□ 翻身	□ 叩背
□ 雾化	□ 消除	□ 通畅	□ 医护
□ 按摩	□ 清醒	□ 情绪	□ 恐惧
□ 康复	□ 全麻	□ 颅内血肿	

👍 掌握了 25 ~ 27 个：非常好，为你点赞！

✊ 掌握了 21 ~ 24 个：不错，继续努力！

📖 掌握了 20 个及以下：好好复习，下次加油！

二、你知道怎么说吗？

你知道下列医学表达用在什么场景中吗？请选择合适的场景。

1. 颅内有血肿。　　　　　　　　　　　　　　　　（　　）
2. 做了颅内血肿清除手术。　　　　　　　　　　　（　　）
3. 给病人翻身和叩背。　　　　　　　　　　　　　（　　）
4. 做雾化治疗，及时排出呼吸道分泌物。　　　　　（　　）
5. 帮病人活动肢体、按摩肢体肌肉。　　　　　　　（　　）

A

B

C

D

E

第十七课
肝硬化是可以控制的

主题热身

一、给下列词语选择对应的图片

A

B

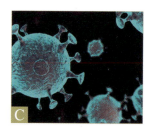
C

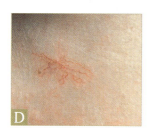
D

E

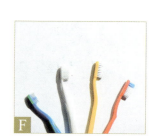
F

1. 病毒_____

2. 牙刷_____

3. 肝脏_____

4. 戒酒_____

5. 注射_____

6. 蜘蛛痣_____

二、听对话，选择正确答案

1. 男的怎么了？

　　A. 乏力、头晕　　　　B. 头晕、呕吐　　　　C. 发烧、呕吐

2. 除了血常规和腹部彩超，男的还要做什么检查？

　　A. 心电图　　　　　　B. 脑电图　　　　　　C. 肝功能

3. 根据对话，下面哪一项是正确的？

　　A. 男的胃部隐痛　　　B. 男的大便不正常

　　C. 男的有肝炎家族病史

扫描二维码，获取
听力音频

 任务学习

任务一　乙肝病人的问诊

准备

语言点　口语格式：还 X 呢

读一读

读句子，选择与句子意思一致的一项

还喝酒呢，含酒精的饮料你都不能再喝了。

A. 还可以喝酒，但是含酒精的饮料你不能再喝了

B. 不能再喝酒了，并且含酒精的饮料你都不能再喝了

C. 不能再喝酒了，不过含酒精的饮料你还可以喝

学一学

　　"还 X 呢"是一种口语格式，表示当前对关于某物或某人的说法或看法持否定态度，多含嘲讽义。

> **例句**
>
> （1）还全国第一呢，这水平还没我高。
>
> （2）还高级专家呢，这点儿小问题都解决不了。
>
> （3）还名牌儿呢，这质量连五十块钱都不值。

练一练

用口语格式"还 X 呢"完成对话

（1）A：你知道吗？新来的同事钢琴弹得可好了。

　　　B：＿＿＿＿＿＿＿＿＿＿＿＿＿＿＿＿。

（2）A：你喝过这种饮料吗？听说非常健康。

　　　B：_____。

（3）A：听说这部电影很好看，你看过吗？

　　　B：_____。

示例

- 科室：感染科（门诊）
- 医生：郑小琴
- 患者：关军

扫描二维码，获取
课文和生词音频

关　军：医生，这是我的检查结果。

郑小琴：你的血常规正常，但是乙肝[1]表
　　　　面抗原、e抗原和核心抗体都是
　　　　阳性，转氨酶也明显偏高。

关　军：啊，我是得了肝炎吗？是大三阳
　　　　还是小三阳[2]？

郑小琴：大三阳。你的彩超结果呢？

关　军：在这儿，您看。

郑小琴：彩超也提示你的肝脏有损伤，脾
　　　　脏轻度肿大。根据这些检查结果，
　　　　你得的是乙型肝炎。

关　军：我的情况严重吗？需要住院治疗吗？

郑小琴：你的肝功能已经出现异常，我建

生　词

1. 乙肝　yǐgān　*n.*　hepatitis B
   乙　yǐ　*n.*　the second of the ten Heavenly Stems
2. 表面抗原　biǎomiàn kàngyuán　*n.*　surface antigen
   表面　biǎomiàn　*n.*　surface
   抗原　kàngyuán　*n.*　antigen
3. e抗原　e kàngyuán　*n.*　e antigen
4. 核心抗体　héxīn kàngtǐ　*n.*　core antibody
   核心　héxīn　*n.*　core
   抗体　kàngtǐ　*n.*　antibody
5. 转氨酶　zhuǎn'ānméi　*n.*　aminotransferase
6. 肝炎　gānyán　*n.*　hepatitis
7. 大三阳　dàsānyáng　HBsAg, HBeAg and HBcAb test positive
8. 小三阳　xiǎosānyáng　HBsAg, HBeAb and HBcAb test positive
9. 提示　tíshì　*v.*　to point out
10. 肝脏　gānzàng　*n.*　hepar, liver
11. 脾脏　pízàng　*n.*　spleen

议你住院治疗，否则症状可能会加重，从而影响正常生活，甚至可能引发脂肪肝、肝硬化、肝癌等严重并发症。

关　军：这种病难治吗？

郑小琴：乙肝一般很难彻底治愈，但是通过治疗，可以很好地控制病情。

关　军：那我还能喝酒吗？

郑小琴：还喝酒呢，含酒精的饮料你都不能再喝了。平时要适当多吃一些对肝脏有好处的食物，比如牛奶、鸡蛋、鱼、瘦肉等。另外，不要吃油腻的食物，油腻的食物容易引起脂肪肝。

关　军：那我得努力戒酒，也不能在外面大吃大喝了。

郑小琴：为了自己的身体健康，你一定要改掉这些不好的生活习惯，积极配合治疗。还有，你有家族史，你和家人都要提高防护意识，定期检查肝功能。

关　军：好的，谢谢医生。

⑫ 脂肪肝　zhīfánggān　n. fatty liver

⑬ 肝癌　gān'ái　n. liver cancer

⑭ 彻底　chèdǐ　adj. thorough

⑮ 酒精　jiǔjīng　n. (ethyl) alcohol

⑯ 饮料　yǐnliào　n. drink, beverage

⑰ 戒　jiè　v. to stop, to give up

⑱ 改掉　gǎidiào　to change thoroughly

Note：

1. 乙肝："乙型肝炎"的简称。

2. "大三阳"和"小三阳"：二者都是慢性乙型肝炎患者或乙肝病毒携带者体内乙肝病毒的免疫指标，区别在于前者是e抗原阳性、e抗体阴性，而后者是e抗原阴性、e抗体阳性。

🔲 活动

💬 答一答

（1）关军的检查结果怎么样？

（2）医生让关军平时要注意些什么？

🔊 说一说

小组讨论：乙型肝炎有哪些典型症状？要做哪些检查？讨论后请在下面对应的词语前面画"√"。如果还有别的症状和检查，请写在后面。

☐ 全身乏力 ☐ 食欲不振 ☐ 腹痛

其他症状：_____

 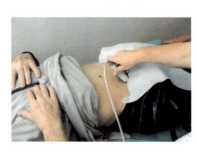 

☐ 血液常规检查 ☐ 腹部彩超 ☐ 肝功能检查

其他检查：_____

读一读

读入院记录单，判断正误

×× 医院入院记录单

姓名：关军　　　科别：感染科　　　床号：05　　　住院号：436867348

姓名：关军　　　　　　　　　　出生地：×× 省 ×× 市

性别：男　　　　　　　　　　　职业：其他

年龄：35　　　　　　　　　　　入院时间：××-××-××

民族：××　　　　　　　　　　记录时间：××-××-××

婚姻：××　　　　　　　　　　病史陈述者：患者

主诉：反复全身乏力、食欲不振，偶有腹部隐痛 3 月余。

现病史：患者于 6 个月前无明显诱因反复出现全身乏力、食欲不振，偶有腹部隐痛、恶心、腹胀等症状，无明显腹泻、呕吐、反酸。门诊查肝功异常，收入院。

家族史：母亲患有肝炎。

既往史：无。

体格检查：T: 36.8℃；P: 73 次 / 分；R: 20 次 / 分；BP: 116 / 70mmHg。

辅助检查结果：血常规 WBC $3.0×10^9$ / L；肝功能 ALT 263.2U / L，AST 109.2U / L；乙肝两对半 HBsAg（＋），HBeAg（＋），HBcAb（＋），HBV-DNA 6.17e + 06copies / ml。

初步诊断：慢性乙型病毒性肝炎。

（1）患者无明显腹痛、腹泻、呕吐等症状。　　　　　　　　　　（　　）

（2）患者无家族病史。　　　　　　　　　　　　　　　　　　　（　　）

（3）患者被初步诊断为慢性乙型病毒性肝炎。　　　　　　　　　（　　）

任务二　肝硬化的预防

🔴 准备

语言点　"是……的"句

🎙️ **读一读**

读句子，选择与句子意思一致的一项

肝硬化是可以控制的。

A. 肝硬化可能可以控制

B. 肝硬化一般都可以控制

C. 肝硬化确实可以控制

📖 **学一学**

　　"是……的"句可以用来强调说话人的看法或态度，表示对主语的描写、叙述和说明，这时全句往往带有一种说明情况、阐述道理、想使听话人接受的肯定语气。在这种情况下，"是……的"句一般没有"不是……的"的否定形式，但可以在"是……的"中间用上否定词。

> **例句**
> （1）这个任务是很容易完成的。
> （2）你的做法是值得大家学习的。
> （3）这样的事情以后是绝对不会再发生的。

☑️ **练一练**

用"是……的"句完成句子

（1）不要把问题看得太复杂了，＿＿＿＿＿＿＿＿＿＿＿＿＿＿＿＿。

（2）她嘴上说不同意，＿＿＿＿＿＿＿＿＿＿＿＿＿＿＿＿。

（3）你不必担心这种情况，＿＿＿＿＿＿＿＿＿＿＿＿＿＿＿＿。

示例

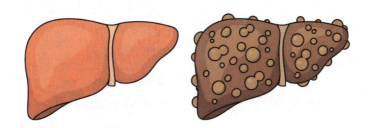

扫描二维码，获取
课文和生词音频

老李十几年前感染了乙肝，一直在吃抗病毒药物，病情控制得还不错。前两个月他工作很忙，常常熬夜加班，结果身体出现了不适。除了乏力、头晕、腹胀、食欲不振以外，他还发现自己身上长了一些蜘蛛痣[1]，面部、颈部和胸部都有。此外，他的大拇指和小指根部还出现了红色斑点。后来，他就去医院做了检查，结果显示他的肝功能异常，肝脏弥漫性损害，脾脏肿大，他被诊断为肝硬化。

肝硬化是临床上常见的一种慢性进行性肝病，是由一种或多种致病因素长期反复作用形成的弥漫性肝损伤。研究发现，通过规范治疗，肝硬化是可以控制的。但肝硬化引发的并发症往往是致命的，比如上消化道出血、原

生 词

1. 抗病毒　kàng bìngdú
antiviral
抗　kàng　*v.*　to resist
病毒　bìngdú　*n.*　virus

2. 蜘蛛痣　zhīzhūzhì　*n.*
spider nevus
蜘蛛　zhīzhū　*n.*　spider
痣　zhì　*n.*　nevus

3. 颈部　jǐngbù　*n.*　neck

4. 拇指　mǔzhǐ　*n.*　thumb

5. 小指　xiǎozhǐ　*n.*
little finger

6. 根部　gēnbù　*n.*　root

7. 斑点　bāndiǎn　*n.*　spot,
fleck

8. 弥漫性　mímànxìng　*adj.*
diffuse

9. 研究　yánjiū　*v.*
to research, to study

10. 致命　zhìmìng　*v.*
to be lethal, to be fatal

11. 上消化道　shàngxiāohuàdào
n.　upper gastrointestinal tract

·117·

发性肝癌等。

数据显示，乙肝病毒携带者、脂肪肝患者、长期酗酒和服药的人更易得肝硬化。这些人群尤其要做好以下预防肝硬化的工作：第一，养成良好的饮食习惯。多吃含有纤维素的食物，少吃高脂高油的食物，不吃剩菜剩饭，避免食用对肝脏有损害的食物，比如辛辣刺激性食物和含酒精的饮料等。第二，养成良好的卫生习惯。注意个人卫生，个人卫生物品，如牙刷、毛巾等不共用。另外，还要保证每天有足够的睡眠时间。高质量的睡眠能够很好地恢复和调整肝脏功能。最后，病毒性肝炎患者要积极进行抗病毒治疗。家庭成员要及时注射乙肝疫苗，日常生活中要注意防护，防止被传染。

⑫ 数据　shùjù　*n.*　data
⑬ 携带者　xiédàizhě　*n.* carrier
　携带　xiédài　*v.*　to carry
⑭ 酗酒　xùjiǔ　*v.* to drink excessively
⑮ 尤其　yóuqí　*adv.* especially
⑯ 纤维素　xiānwéisù　*n.* fiber
⑰ 高脂高油　gāozhī gāoyóu high in fat and oil
⑱ 剩菜剩饭　shèngcài shèngfàn　leftovers

⑲ 物品　wùpǐn　*n.*　article, goods
⑳ 牙刷　yáshuā　*n.*　toothbrush
㉑ 病毒性肝炎　bìngdúxìng gānyán　virus hepatitis
㉒ 注射　zhùshè　*v.*　to inject

Note：

1. 蜘蛛痣：指形状像蜘蛛的痣。医学上常用"蓦状物（+状）+器官"来给症状命名，如"鹅掌肝""杵状指"等。

活动

答一答

（1）老李有哪些症状？

（2）如何预防肝硬化？

))) **说一说**

小组活动：四人一组，每人轮流以医生的身份向大家介绍肝硬化的预防知识，其他三人做好记录。

肝硬化是临床上常见的一种慢性进行性肝病……

任务操练

实践

三人一组，根据图片场景，使用下列词语，模拟医生、病人和病人家属之间的对话。

场景提示：病人因乏力、头晕、腹胀、食欲不振等症状就诊，医生问诊，并向病人及其家属介绍如何预防肝硬化。

参考词语：乙肝　　蜘蛛痣　　腹部 CT　　肝功能异常　　药物治疗　　预防肝硬化

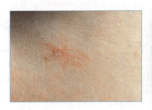  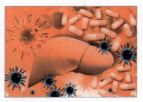 

练习

（一）词语搭配

脾脏	加重	戒	病毒
症状	异常	抗	疫苗
长期	服药	感染	烟酒
肝功能	肿大	注射	肝炎

（二）选择正确的词语填空

表面　抗体　酒精　彻底　研究　提示　酗酒　尤其

1. 上个周末，我花了将近五个小时，把家里的卫生（　　）打扫了一遍。

2. 孙教授近十年来一直在（　　）这个医学难题，从来没想过要放弃（fàngqì, to give up）。

3. 如果伤口（　　）出现了黏稠的分泌物，那就表明伤口很可能受到感染了。

4. 白酒虽然含有（　　），但并不能用于医学消毒。

5. 他的肝硬化是（　　）引起的，长期大量饮酒会使肝脏负担（fùdān, burden）加重。

6. 注射乙肝疫苗是预防乙肝最有效的方法，但并不是每个人在接种疫苗后都能产生（　　）。

7. 弟弟特别喜欢看书，（　　）喜欢看历史小说。

8. 在老师的（　　）下，他终于解开了这道难题。

（三）组词成句

1. 显示　损伤　结果　彩超　肝脏　有

_____

2. 治疗 医生 住院 马上 建议 他

_____

3. 改掉 决定 酗酒 他 的 坏习惯

_____

4. 并发症 往往 肝硬化 是 致命的 引发的

_____

5. 个人卫生 不能 跟 其他人 共用 物品

_____

（四）用指定词语或结构完成对话

1. A：姐，我以后想出国留学，你觉得爸妈会同意吗？

B：_____，你先学好英语再说吧。（还 X 呢）

2. A：我儿子经常熬夜玩儿手机，我们批评他好几次了，可他还是改不掉这个坏习惯。

B：_____，你们再给他一点儿时间。（是……的）

3. A：小江，你去新公司工作已经三个月了，对这份工作满意吗？

B：挺满意的。现在的工作跟我的专业相关，而且同事们也很喜欢我。_____

_____。（另外）

4. A：刚才我同学给我打了五个电话，我都没接到。

B：他一定是有什么重要的事情找你，_____。（否则）

5. A：原来你足球踢得这么好啊！你平时还有别的爱好吗？

B：_____。[除了 A（以外），还／也 B]

（五）阅读语段，选择与语段意思一致的一项

1. 乙肝是因感染乙型肝炎病毒而引发的一种传染性疾病，主要通过血液、母婴
（mǔ-yīng，mother and baby）和性接触传染。传染性的强弱主要在于血液中病毒

的含量。病毒含量越高，传染性就越强。尤其值得注意的是，体内乙肝表面抗体呈阴性的人群较易感染乙肝。

A. 乙肝病毒具有传染性

B. 不能跟乙肝患者握手接触

C. 乙肝表面抗体呈阴性的人就是乙肝患者

2. 肝脏是人体脂肪代谢的场所。当脂肪代谢出现异常时，脂肪就会在肝细胞内堆积，从而形成脂肪肝。大多数脂肪肝患者在疾病早期无任何症状，等发展到重度脂肪肝后，则会出现食欲不振、恶心、呕吐等症状。如果不积极干预，任其发展，脂肪肝就可能导致肝硬化或肝癌。

A. 轻度脂肪肝患者会出现食欲不振、恶心、呕吐等症状

B. 早期脂肪肝患者不需要干预

C. 脂肪肝加重会有肝硬化的风险

（六）请根据"任务一"中的示例内容，简要描述患者关军的主要症状、诊断情况及治疗方案

拓展学习

一、词汇

"抗～"和"抑～"

在医学上，"抗"是指抵抗某种病毒、细菌或症状，具有消除病毒、细菌或症状的功能，如"抗酸"指使用药物和胃酸发生反应，升高胃酸的酸碱值，减少其对胃肠道黏膜的刺激。"抑"是指对某种症状进行压制，使之不发作，如"抑酸"指抑制黏膜上的细胞分泌胃酸，减少胃酸的生成。两者意义相近，但作用原理不同。

易混淆语素	医学词汇
抗	抗病毒、抗生素、抗凝、抗抑郁、抗酸
抑	抑酸、生长抑素、抑肽酶

二、阅读

西医和中医眼中的肝

西医认为，肝脏是一个独立器官，具有代谢毒素和吸收转化脂肪等功能。肝功能异常主要缘于外界因素的入侵，因此相关诊治主要集中于由外界病毒等入侵而衍生出的肝纤维化、肝硬化等。而在中医的理念里，五

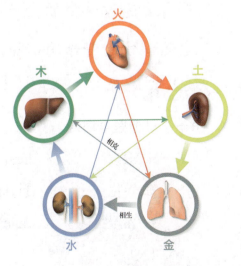

脏为整体，分为五行（xíng，the basic elements of matter），即"肺属金、肝属木、肾属水、心属火、脾属土"，它们肩负着不同的职责。肝脏属木，主疏泄，有藏血之效。如果肝脏出现了问题，疏泄和藏血功能就会受到影响，身体就会出现相应的症状。简单来说，西医主"外"，关注外界因素的入侵及其引发的疾病，如由乙肝病毒引发的乙型病毒性肝炎和由丙肝病毒引发的丙型病毒性肝炎等，偏向于治疗；中医主"内"，关注自身的功能运转及其存在的衍生症状，如肝脏缺血、肝气疏漏等，偏向于调理。

在养肝护肝方面，西医和中医也存在着"外"和"内"的差异。西医认为，首先要养成定期体检的习惯，及时监测肝功能的指标，如转氨酶、胆红素等的情况；其次要有接种疫苗的意识，预防病毒入侵就需要接种乙肝疫苗、丙肝疫苗等。而中医强调，第一，养肝先补血。肝脏主藏血，血气充盈，肝脏转化效率提升，负担减轻，健康度就会提高。补血首推食补，枸杞、红枣、动物肝脏等食物的摄入，就可以起到补充身体气血的效果。第二，养肝要调气。肝脏除了具有藏血功能以外，还负责毒素的疏泄，而身体毒素的排出，需要器官本身的"气"来推动。"气"是需要通过健康的生活习惯进行积累的，如养成良好的作息习惯、适当运动、饮食营养均衡等。

（一）重要医学词语

1. 毒素	dúsù	*n.*	toxin
2. 转化	zhuǎnhuà	*v.*	to transform
3. 入侵	rùqīn	*v.*	to invade

4. 衍生	yǎnshēng	*v.*	to derive
5. 肝纤维化	gānxiānwéihuà	*n.*	hepatic fibrosis
6. 疏泄	shūxiè	*v.*	to disperse
7. 藏血	cáng xiě		to store blood
8. 指标	zhǐbiāo	*n.*	index
9. 胆红素	dǎnhóngsù	*n.*	bilirubin
10. 充盈	chōngyíng	*adj.*	plentiful
11. 食补	shíbǔ	*v.*	to take nourishing food to keep up one's health
12. 积累	jīlěi	*v.*	to accumulate

（二）阅读材料，回答问题

1. 就肝脏而言，为什么说西医主"外"，中医主"内"？

_____

_____

_____

2. 在养肝护肝方面，西医和中医的做法有什么不同？

_____

_____

_____

自我评估

一、生词知多少

你认识下列词语吗？如果认识，请在词语前的"□"里画"√"；如果不认识，请再复习复习。

□ 乙肝	□ 抗原	□ 表面抗原	□ e 抗原
□ 抗体	□ 核心抗体	□ 转氨酶	□ 肝炎
□ 大三阳	□ 小三阳	□ 肝脏	□ 脾脏
□ 脂肪肝	□ 肝癌	□ 抗病毒	□ 病毒
□ 蜘蛛痣	□ 颈部	□ 拇指	□ 小指
□ 根部	□ 斑点	□ 弥漫性	□ 酒精
□ 注射	□ 致命	□ 上消化道	□ 携带者
□ 酗酒	□ 纤维素	□ 病毒性肝炎	□ 高脂高油

👍 掌握了 28 ～ 32 个：非常好，为你点赞！

✊ 掌握了 23 ～ 27 个：不错，继续努力！

📖 掌握了 22 个及以下：好好复习，下次加油！

二、你知道怎么说吗？

你知道下列医学表达用在什么场景中吗？请选择合适的场景。

1. 转氨酶明显偏高。　　　　　　　　　（　　）
2. 含酒精的饮料你都不能再喝了。　　　（　　）
3. 面部出现蜘蛛痣。　　　　　　　　　（　　）
4. 不吃剩菜剩饭。　　　　　　　　　　（　　）
5. 保证每天有足够的睡眠时间。　　　　（　　）

A

B

C

D

E

第十八课
子宫大小与孕周相符

 主题热身

一、给下列词语选择对应的图片

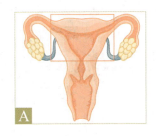
A

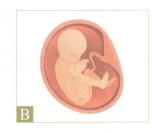
B

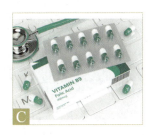
C

D

E

F

1. 叶酸_____　　　2. 流产_____　　　3. 胎儿_____

4. 夫妻_____　　　5. 怀孕_____　　　6. 子宫_____

二、听对话，选择正确答案

1. 乐乐几岁了？

　　A. 三岁　　　　　　　B. 三岁半　　　　　　　C. 四岁半

2. 孕前体检除了血常规、尿常规等常规检查外，还要做哪些检查？

　　A. 心电图、生殖系统检查

　　B. 心电图、优生优育（yōushēng yōuyù，to give a good birth and good care）
　　　检查

　　C. 生殖系统检查、优生优育检查

3.关于安佳，下面哪一项是正确的？

    A.她换了工作

    B.她没有孩子

    C.她一直在补充叶酸

扫描二维码，获取听力音频

任务一　正常妊娠的问诊

🧰 准备

语言点　比较句：A（没）有 B（＋这么/那么）＋形容词

🎤 读一读

读句子，选择与句子意思一致的一项

我现在没有以前那么精神。

A.我现在跟以前一样精神

B.我现在很精神，以前不是很精神

C.我以前比现在精神

📖 学一学

　　"A 有 B（＋这么/那么）＋形容词"是比较句，比较 A 和 B 在某方面（即"形容词"所指代的）的一致性，其否定形式是"A 没有 B（＋这么/那么）＋形容词"。需要注意的是，使用"这么"时，强调近指，说话人与 B 所处的时空相距较近；使用"那么"时，强调远指，说话人与 B 所处的时空相距较远。例如：

　　王老师的课有李老师的课这么精彩吗？（说话人当前在上李老师的课）

　　王老师的课有李老师的课那么精彩吗？（说话人当前在上王老师的课）

例句

（1）你哥哥有你这么高吗？

（2）武汉没有北京那么冷。

（3）我们以前在上海住的地方大概有这个房间这么大。

☑ 练一练

用比较句"A（没）有 B（+ 这么／那么）+ 形容词"改写句子

（1）上一部电影比这部电影好看。

_____。

（2）你妹妹跟你一样可爱吗？

_____？

（3）医生，他的肝硬化已经发展成肝癌了，我的也一样严重吗？

_____？

⊕ 示例

⊕ 科室：妇产科（门诊）

⊕ 医生：文婷

⊕ 患者：安佳

扫描二维码，获取
课文和生词音频

安　佳：大夫，我例假推迟了十几天还没来，昨天用早孕试纸测是两条线。

文　婷：你的末次月经是什么时候？

安　佳：上个月 6 号。

文　婷：平时月经规律吗？周期是多少天？

生 词

1. 例假　lìjià　*n.*　menstrual period
2. 早孕　zǎoyùn　*v.* to get early pregnant
3. 试纸　shìzhǐ　*n.*　test paper
4. 末次月经　mòcì yuèjīng last menstrual period

安　佳：还比较规律，一般是 30 天左右。

文　婷：以前有没有怀孕、流产的经历？

⑤ 怀孕　huáiyùn　v.
to be pregnant
⑥ 流产　liúchǎn　v.
to miscarry

安　佳：都没有。

文　婷：还有没有别的症状？

安　佳：我现在没有以前那么精神，总是
想睡觉，有时候还恶心，想吐，
吃不下东西。

文　婷：你先去做一个血 HCG[1] 检查[2]。

安　佳：好的。

（半个小时以后）

安　佳：大夫，这是我的检查结果。

文　婷：根据你的症状和检查结果，初步
判断你是怀孕了。一个星期后，
你来做一次 B 超检查，看看胎儿
的发育情况。还有，你最近有没
有服用过什么药物？

⑦ 初步　chūbù　adj.　initial
⑧ 胎儿　tāi'ér　n.
fetus, unborn baby

安　佳：没有，就是一直在补充叶酸。

⑨ 叶酸　yèsuān　n.
folic acid

文　婷：好的。

（一个星期以后）

安　佳：大夫，我的检查结果出来了。

文　婷：好，给我看看。通过 B 超可以看到宫内孕囊，胎心和胎芽发育也是正常的。

安　佳：太好了！

文　婷：你怀孕前有过什么病史吗？比如高血压、糖尿病什么的。

安　佳：没有。

文　婷：这是孕期检查时间表，你要按照上面的时间来做产检。

安　佳：好的，谢谢大夫。

⑩ 宫内　gōngnèi　n. intrauterine

⑪ 孕囊　yùnnáng　n. gestational sac

⑫ 胎心　tāixīn　n. fetal heart

⑬ 胎芽　tāiyá　n.　fetal bud

⑭ 孕期　yùnqī　n. pregnancy, gestation

⑮ 时间表　shíjiānbiǎo　n. schedule

⑯ 产检　chǎnjiǎn　n. antenatal examination

Note：

1. HCG：全称是 Human Chorionic Gonadotropin，人绒毛膜促性腺激素。

2. 血 HCG 检查：指通过检测血清中的 HCG 水平，为早期妊娠的诊断提供临床依据的一种医学检查。

活动

答一答

（1）安佳怎么了？

（2）安佳的检查结果怎么样？

))) **说一说**

小组讨论：早孕有哪些典型症状？要做哪些检查？讨论后请在下面对应的词语前面画
"√"。如果还有别的症状和检查，请写在后面。

☐ 嗜睡　　　　　　☐ 呕吐　　　　　　☐ 食欲不振

其他症状：＿＿＿＿＿＿＿＿＿＿＿＿＿＿＿＿＿＿＿＿＿＿＿＿＿＿＿＿＿

☐ 血 HCG 检查　　　☐ B 超检查　　　　☐ 尿常规

其他检查：＿＿＿＿＿＿＿＿＿＿＿＿＿＿＿＿＿＿＿＿＿＿＿＿＿＿＿＿＿

读一读

读孕期检查项目表，判断正误

孕期检查项目表

孕早期	6 周左右	血 HCG、黄体酮（孕酮）、白带 RT＋BV、B 超检查
	12 周内	常规检查、血常规、血型、甲／乙／丙肝功能、梅毒、艾滋病、凝血三项、染色体、TORCH、甲胎蛋白、微量元素、血铅、血常规、尿常规、心电图
孕中期	15～16 周	常规检查
	17～20 周	常规检查、尿常规、唐氏综合征（DSO 血清学筛查）、B 超检查
	21～24 周	常规检查
	25～28 周	常规检查、四维彩超检查、空腹血糖
孕晚期	29～30 周	常规检查、骨盆外测
	31～32 周	常规检查，尿常规，血常规，复查肝、肾功能
	33～34 周	常规检查、B 超检查、吸氧（oxygen uptake）、胎心监测
	35～36 周	常规检查、吸氧、胎心监测
	37 周	常规检查、吸氧、胎心监测
	38 周	常规检查，尿常规，血常规，复查梅毒、艾滋，心电图，吸氧，胎心监测
	39 周	常规检查、吸氧、胎心监测、B 超检查

（1）怀孕 6 周左右需要做血 HCG 检查。　　　　　　　　　　　（　　）

（2）孕 12～24 周属于孕中期。　　　　　　　　　　　　　　　（　　）

（3）从孕 33 周开始，每周都要做胎心监测。　　　　　　　　　（　　）

任务二　疾病介绍：先兆流产

⊕ 准备

语言点　连动句：主语＋动词短语₁＋动词短语₂

🎤 读一读

读句子，选择与句子意思一致的一项

她有点儿担心，就马上打车去了医院。

A. 她有点儿担心，就马上打了车，还去了医院

B. 她有点儿担心，就马上打车，坐着车去了医院

C. 她有点儿担心，就马上打车，因为要去医院

📖 学一学

　　连动句"主语＋动词短语₁＋动词短语₂"的前一动作可以表示后一动作的方式，如"她打车去医院"，"打车"是"去医院"的方式。另外，后一动作还可以表示前一动作的目的，如"我来中国学中文"，"学中文"是"来中国"的目的。

例句	（1）他每天坐地铁去上班。 （2）后天我们坐飞机去武汉。 （3）他们刚才去超市买东西了。

☑ 练一练

根据提示，用连动句"主语＋动词短语₁＋动词短语₂"完成对话

（1）A：你怎么睡觉还戴着耳机啊？

　　　B：＿＿＿＿＿＿＿＿＿＿＿＿＿＿。（表方式）

（2）A：坐下来，不要站着，慢慢儿吃。

　　　B：好的，＿＿＿＿＿＿＿＿＿＿＿＿。（表方式）

（3）A：这么早，你去干什么啊？

　　　B：＿＿＿＿＿＿＿＿＿＿＿＿＿＿。（表目的）

✚ 示例

扫描二维码，获取
课文和生词音频

安佳在怀孕 13 周时，阴道出现了少量出血，还伴有下腹部阵痛。她有点儿担心，就马上打车去了医院。检查结果显示她宫内早孕，胚胎发育正常，宫口未开，胎膜完整，无妊娠物排出，子宫大小与孕周相符[1]。医生根据她的症状及检查结果，诊断她为先兆流产，要求她立即住院进行保胎治疗。

先兆流产一般发生在怀孕 28 周前，其症状主要表现为阴道流血和下腹疼痛。母体、胎儿和环境等因素都可能造成先兆流产。通过适当的休息和治疗，如果相关症状消失，孕妇可继续妊娠；如果症状加重，就可能发展为难免流产。那么该如何预防先兆流产呢？

生　词

1. 阵痛　zhèntòng　n. labor pain
2. 胚胎　pēitāi　n.　embryo
3. 宫口　gōngkǒu　n. uterine orifice
4. 胎膜　tāimó　n. fetal membrane
5. 妊娠物　rènshēnwù　n. pregnancy tissue
6. 孕周　yùnzhōu　n. gestational week
7. 相符　xiāngfú　adj. accordant, consilient
8. 先兆流产　xiānzhào liúchǎn threatened abortion
9. 立即　lìjí　adv.　immediately
10. 保胎　bǎotāi　v.　to prevent miscarriage
11. 母体　mǔtǐ　n. mother's body
12. 孕妇　yùnfù　n.　pregnant woman
13. 难免流产　nánmiǎn liúchǎn inevitable abortion

第一，在备孕阶段，夫妻双方应去医院进行孕前体检，确保身体健康。第二，在怀孕期间，孕妇要保持良好的心态，避免出现精神压力过大、劳累过度等情况。第三，孕妇孕期出行最好穿平底鞋，少去人多的地方，避免腹部受到撞击。第四，在饮食方面，肉类、蔬菜和水果的摄入要均衡。如果孕吐严重，孕妇可采用少食多餐的方式进食。第五，孕期用药要在医生指导下进行，不可随意用药。

⑭ 备孕　bèiyùn　v.
to prepare for pregnancy
⑮ 夫妻　fūqī　n.
husband and wife
⑯ 期间　qījiān　n.　period
⑰ 心态　xīntài　n.　mentality,
state of mind
⑱ 出行　chūxíng　v.
to go out
⑲ 平底鞋　píngdǐxié　n.
flat shoes
⑳ 孕吐　yùntù　v.　to vomite
during pregnancy
㉑ 指导　zhǐdǎo　v.　to guide
㉒ 随意　suíyì　adj.
at will, as one likes

Note：
1. 相符：A 与 B 相符，指 A 和 B 是一致的，其中"与"可替换为"和""跟""同"等。

活动

答一答

（1）先兆流产有哪些症状？
（2）哪些因素会引起先兆流产？

说一说

小组活动：四人一组，每人轮流以医生的身份向大家介绍先兆流产的预防知识，其他三人做好记录。

先兆流产一般发生在怀孕 28 周前，其症状……

任务操练

实践

三人一组，根据图片场景，使用下列词语，模拟医生、病人和病人家属之间的对话。

场景提示： 病人因阴道少量出血、下腹部隐痛等症状就诊，医生询问病人及病人家属症状，给病人做相关检查，并给出治疗建议。

参考词语： 怀孕12周　　阴道出血　　隐痛　　B超检查　　保胎治疗　　注意事项

练习

（一）词语搭配

服用	流产
补充	药物
预防	产检
做	叶酸

阴道	治疗
保胎	早孕
孕吐	严重
宫内	出血

（二）选择正确的词语填空

怀孕　出行　时间表　胚胎　心态　立即　夫妻　指导

1. 这是我的作息（　　　），我晚上从来不熬夜。

2. 如果孕妇在孕期有抽烟、喝酒等不良习惯，可能会导致子宫内（　　　）停止发育。

3. 面对生活中的种种困难，他总是保持着积极、乐观的（　　　）。

4. 我朋友一直想成为一名妈妈，这次终于（　　　）了，她高兴极了。

5. 高老师不仅在学习上经常（　　　）我，而且在生活上还经常帮助我。

6. 早上突然下起了大雨，我们的（　　　）计划不得不取消。

7. 他们（　　　）俩已经结婚十几年了，感情一直很好。

8. 听说孩子生病住院了，爸爸下班后（　　　）赶到了医院。

（三）组词成句

1. 十几天　　这个月　　她的　　推迟了　　例假

_____

2. 女性　　需要　　叶酸　　以前　　补充　　怀孕

_____

3. 结果　　胎儿　　B超检查　　显示　　发育　　正常

_____

4. 保胎　　进行　　患者　　治疗　　需要　　住院

_____

5. 用药　　不能　　在　　孕妇　　随意　　孕期

_____

（四）用指定词语或结构完成对话

1. A：这个人是你爸爸吧？他也会做饭吗？

　　B：会，不过＿＿＿＿＿＿＿＿＿＿＿，我更喜欢吃妈妈做的。

　　　　　　　　　　　　　　　　〔A 没有 B（＋这么/那么）＋形容词〕

2. A：你的新家离你们公司有点儿远，你每天怎么去上班呢？

　　B：我家附近有地铁站，＿＿＿＿＿＿＿＿＿＿＿＿＿，30 分钟就能到。

　　　　　　　　　　　　　〔主语＋动词短语₁（表方式）＋动词短语₂〕

3. A：老刘，这次的免费（miǎnfèi，free of charge）体检活动你怎么没有报名啊？

　　B：我看到活动通知了，要求年龄 65 岁及以上的人才能参加，＿＿＿＿＿＿＿

　　　＿＿＿＿＿＿＿＿＿＿＿＿＿。〔A 与 B（不）相符〕

4. A：喂，爸，您身体现在好些了吗？

　　B：这段时间辛苦（xīnkǔ，to go to trouble）你妈妈了，＿＿＿＿＿＿＿＿＿，

　　　我的身体已经好很多了，你不用担心。（在……下）

5. A：这次比赛你又赢了，请问你有什么话想对家人或朋友说吗？

　　B：我非常感谢他们，＿＿＿＿＿＿＿＿＿＿＿。（如果……就……）

（五）阅读语段，选择与语段意思一致的一项

1. HCG 是人绒毛膜促性腺激素的英文简称。正常人体内的 HCG 浓度很低，而女性怀孕后体内会产生大量的 HCG。育龄（yùlíng，childbearing age）女性如果月经推迟一周左右，就需要考虑怀孕的可能。我们可以通过检测血 HCG 或尿 HCG 水平来初步判断是否怀孕，不过最终确认（quèrèn，to confirm）怀孕还需要配合 B 超检查。

　　A. 只有孕妇体内才有 HCG

　　B. 月经推迟就说明怀孕了

　　C. HCG 水平的变化可以帮助判断是否怀孕

2. 对女性来说，流产不只是身体上经历了一次不完整的妊娠过程，心理上更是经受了一次失去胎儿的痛苦。无论是自然流产还是人工（réngōng，artificial）流

产，孕妇都需要休息一段时间来恢复身心两方面所受到的伤害（shānghài，to injure）。因此，流产后不宜（bùyí，not suitable）过早怀孕，一般建议至少三个月后再次受孕。

A. 流产不会给女性身体带来伤害

B. 流产后的女性因为不能再孕而痛苦

C. 女性流产后最好休息三个月以上再怀孕

（六）请根据"任务一"中的示例内容，填写以下问诊信息

姓名：

主诉：

现病史：

既往史：

体格检查：

辅助检查结果：

初步诊断：

治疗意见：

医生签名：

拓展学习

一、词汇

"妊娠"和"(怀)孕"

"妊娠"是医学专用术语,指女性孕育胎儿的过程,如"异位妊娠"是指孕卵(yùnluǎn,fertilized egg)在子宫腔外着床(zhuóchuáng,to implant)发育的异常妊娠过程。"(怀)孕"是"妊娠"的通俗说法,如"异位妊娠"也可称为"宫外孕"。两者意思相同,使用范围略有差异。

易混淆词/语素	医学词汇
妊娠	异位妊娠、过期妊娠、妊娠反应、妊娠纹
(怀)孕	宫外孕、孕妇、早孕、避孕(contraception)、不孕(infertility)、孕激素(progestational hormone)

二、阅读

中医和西医验孕之别

中医在诊断疾病时,一般会用到"望、闻、问、切"四种诊断方法。"望"是观察病人的体态、面色、舌苔、表情等;"闻"是听病人的声音,如呼吸、

咳嗽、喘息等;"问"是询问病人的自我感觉、既往病史、家族病史等;"切"是切脉,从病人的脉象变化来诊断疾病。

中医在判断女性是否怀孕时,首先是"望",即观察面色、体态的变化;其次是"问",即询问近期的饮食、停经、孕吐等情况;最后是"切",即根据脉象的变化诊断是否怀孕。中医认为,怀孕的女性气血运行会有一定的改变,气血在血管内鼓动,使脉象变为滑脉,即脉象在指下运行流利、圆滑,如同有滚珠在指下转动一般。虽然怀孕的脉象是滑脉,但滑脉还主痰饮、食滞、实热等,所以单靠切脉是不够的,还需结合"望""问"来进行综合诊断。需要说明的是,在古代,出于礼节,中医不会贴在孕妇肚子上听,所以"闻"用得较少。

随着现代医学的发展,验孕的准确性得到了极大的提升。目前临床诊断是否怀孕常用血 HCG 检查、尿 HCG 检查和 B 超检查来进行确认。HCG 是人绒毛膜促性腺激素,是由胎盘的滋养层细胞分泌的一种糖蛋白。在胚胎发育为胎儿的过程中,胎盘合体滋养层细胞产生大量的 HCG,其可通过孕妇的血液循环排泄到尿液中。当妊娠 1 ~ 2.5 周时,血清和尿液中的 HCG 水平即可迅速升高,第 8 周达到高峰,至第 4 个月始降至中等水平,并一直维持到妊娠末期。所以,检测血清和尿液中的 HCG 水平,可以为早期妊娠的诊断提供临床依据。除了去医院进行血 HCG 检查、尿 HCG 检查外,女性也可自行在药店购买早孕试纸进行检测。这类试纸是通过检测尿液中的 HCG 水平来判断怀孕情况的,准确性也较高。另外，在怀孕 6 周后，我们可以通过 B 超检查查看到宫内孕囊的情况，此时可确定是否宫内怀孕。

（一）重要医学词语

1. 望	wàng	v.	(one of the four methods of diagnosis) to observe
2. 闻	wén	v.	(one of the four methods of diagnosis) to listen to
3. 问	wèn	v.	(one of the four methods of diagnosis) to interrogate
4. 切	qiè	v.	(one of the four methods of diagnosis) to feel (the patient's pulse)
5. 面色	miànsè	n.	complexion
6. 舌苔	shétāi	n.	coating on the tongue
7. 脉象	màixiàng	n.	pulse condition
8. 停经	tíngjīng	v.	to have menelipsis
9. 滑脉	huámài	n.	slippery pulse
10. 痰饮	tányǐn	n.	phlegm and retained fluid
11. 食滞	shízhì	v.	to have a dyspepsia
12. 实热	shírè	n.	repletion heat
13. 胎盘	tāipán	n.	placenta
14. 滋养层	zīyǎngcéng	n.	trophoderm

（二）阅读材料，回答问题

　　1. 中医是如何诊断女性是否怀孕的？

_____

_____

_____

　　2. 现代医学有哪几种方法可以诊断女性是否怀孕？

_____

_____

_____

自我评估

一、生词知多少

你认识下列词语吗？如果认识，请在词语前的"□"里画"√"；如果不认识，请再复习复习。

□ 例假	□ 早孕	□ 试纸	□ 末次月经
□ 怀孕	□ 流产	□ 胎儿	□ 叶酸
□ 宫内	□ 孕囊	□ 胎心	□ 胎芽
□ 孕期	□ 时间表	□ 产检	□ 阵痛
□ 胚胎	□ 宫口	□ 胎膜	□ 妊娠物
□ 孕周	□ 先兆流产	□ 保胎	□ 难免流产
□ 母体	□ 孕妇	□ 备孕	□ 心态
□ 孕吐	□ 指导		

👍 掌握了 26～30 个：非常好，为你点赞！

✊ 掌握了 21～25 个：不错，继续努力！

📖 掌握了 20 个及以下：好好复习，下次加油！

二、你知道怎么说吗？

你知道下列医学表达用在什么场景中吗？请选择合适的场景。

1. 通过 B 超可以看到宫内孕囊。　　　　（　　）

2. 这是孕期检查时间表，请按时来做产检。（　　）

3. 少去人多的地方，避免腹部受到撞击。（　　）

4. 夫妻双方应去医院进行孕前体检。　　（　　）

5. 孕期出行最好穿平底鞋。　　　　　　（　　）

A

B　　　　　　C　　　　　　D　　　　　　E

第十九课
孩子嘴里有疱疹

一、给下列词语选择对应的图片

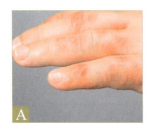

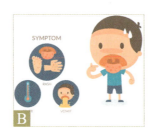

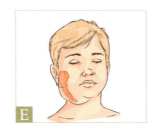

1. 儿童_____   2. 流涕_____   3. 手足口病_____

4. 扁桃体_____   5. 腮腺炎_____   6. 疱疹_____

二、听对话，选择正确答案

1. 乐乐为什么不想吃饭?

    A. 没胃口   B. 不饿   C. 菜不好吃

2. 乐乐的体温是多少?

    A. 36.6℃   B. 37.6℃   C. 38.6℃

3. 关于乐乐，下面哪一项是正确的?

    A. 拉肚子了   B. 发高烧了   C. 身上长小红点儿了

扫描二维码，获取
听力音频

任务一　手足口病的问诊

准备

语言点　疑问代词表任指：疑问代词……疑问代词……

读一读

读句子，选择与句子意思一致的一项

等你好了，想去哪儿就去哪儿。

A. 等你好了，想去哪儿？

B. 等你好了，哪儿都可以去

C. 等你好了，哪儿都不能去

学一学

"疑问代词……疑问代词……"句式表任指义，句式中的两个疑问代词形式上相同，两者前后照应且同指，即前者所指与后者所指一致，前者决定后者。比如，"想去哪儿就去哪儿"的意思是"想去任何地方都可以"，其任指义推导如下："想去 X 就去 X"，其中 X 可指任何地方，前一个 X 的取值决定后一个 X 的取值。

> **例句**
> （1）衣服你喜欢哪件就买哪件。
> （2）你爱干什么就干什么。
> （3）你学什么专业，我就学什么专业。

练一练

用"疑问代词……疑问代词……"句式改写句子

（1）这家饭馆的菜你随便点。

　　_____。

（2）这里停放（tíngfàng，to park）的自行车你都可以骑。

_____。

（3）这儿不是你家，你不能太随意。

_____。

🩹 示例

- ➕ 科室：儿科（门诊）
- ➕ 医生：王庆
- ➕ 病人：乐乐
- ➕ 病人家属：何小雅

扫描二维码，获取
课文和生词音频

王　庆：孩子哪儿不舒服？

何小雅：她有点儿发烧，浑身没劲，也没
　　　　什么胃口，手上和脚上还长了一
　　　　些小红点儿。

王　庆：嗯，体温是 38.2 ℃。

何小雅：是的，体温又升了，刚才在家里
　　　　量的是 37.6 ℃。

王　庆：小朋友，你几岁了？

乐　乐：我三岁半了。

王　庆：来，张开嘴给我看看。嘴里有疱
　　　　疹，扁桃体也有点儿充血。把小
　　　　手和小脚也给我看看。手上和脚

生　词

1. 浑身　húnshēn　*n.*
   whole body
2. 没劲　méijìn　*v.*
   to be exhausted

3. 疱疹　pàozhěn　*n.*　herpes
4. 扁桃体　biǎntáotǐ　*n.*
   tonsil

上也有。这些小红点儿痒不痒？
痛不痛？

乐　乐：不痒，也不痛。

王　庆：我们再来听听肺。肺部还好。孩
子还有别的症状吗？比如头痛、
恶心、呕吐什么的。

何小雅：没有。

王　庆：她最近有没有接触过有类似[1]症
状的小朋友？

何小雅：也没有。

王　庆：那有没有去过人多的地方？

何小雅：上周末我们带她去游乐场了，那
天人特别多。医生，这是不是手
足口病呀？

王　庆：有可能，不过还需要做进一步检
查才能确诊。

何小雅：好的。

（一个小时以后）

何小雅：医生，这是孩子的检查结果。

王　庆：血常规检查结果显示她的白细胞
偏高，核酸检测[2]结果显示肠道

⑤ 类似　lèisì　*v./adj.*　to be
similar to; similar

⑥ 游乐场　yóulèchǎng　*n.*
pleasure ground, amusement
park

⑦ 手足口病　shǒuzúkǒubìng
n.　hand-foot-mouth disease

⑧ 核酸　hésuān　*n.*
nucleic acid

⑨ 肠道　chángdào　*n.*
intestinal tract

病毒柯萨奇 A16 型[3] 阳性。她是得了手足口病。

何小雅： 我们以前打过疫苗，怎么还会得这个病呢？

王　庆： 引起手足口病的病毒有很多种，而目前的手足口病疫苗只针对肠道病毒 71 型[4]，所以打了疫苗也可能得这个病。

乐　乐： 医生，我今天要打针吗？

王　庆： 小朋友，你不需要打针，吃点儿药，好好休息，一周左右就能好啦！

乐　乐： 妈妈，我好了以后，还可以去游乐场吗？

何小雅： 等你好了，想去哪儿就去哪儿。

王　庆： 手足口病是一种流行性传染病。疱疹消失前，记住不要带孩子出去玩儿。

何小雅： 好的，谢谢医生。

⑩ 流行性　liúxíngxìng　*n.* epidemicity

⑪ 传染病　chuánrǎnbìng　*n.* infectious disease

Note：

1. 类似：事物之间差得不远，大致相像；可构成句式"A 和 / 跟 / 同 / 与 B 类似"。

2. 核酸检测：一种通过检测取样样本中病毒的核酸来确定病毒类型的检测方法。

3. 肠道病毒柯萨奇（kēsàqí）A16 型（Coxsackievirus A16）：一种经消化道感染人体的病毒，感染后人会出现发热、打喷嚏、咳嗽等感冒症状。

4. 肠道病毒 71 型（Enterovirus 71）：一种人肠道病毒，简称为"EV71"，常引起儿童手足口病、病毒性咽峡炎、肺水肿、病毒性脑炎等。

活动

答一答

（1）乐乐怎么了？

（2）乐乐的检查结果怎么样？

说一说

小组讨论：手足口病有哪些典型症状？要做哪些检查？讨论后请在下面对应的词语前面画"√"。如果还有别的症状和检查，请写在后面。

□ 发烧

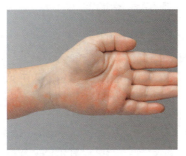
□ 长疱疹

□ 食欲不振

其他症状：_____

□ 血常规

□ 尿常规

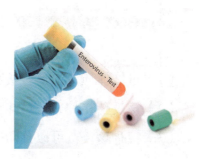
□ 肠道病毒核酸检测

其他检查：_____

📝 **读一读**

读《EV71灭活疫苗接种知情同意书》，判断正误

<table>
<tr><td colspan="2" align="center">**EV71灭活疫苗接种知情同意书**</td></tr>
<tr><td>疫苗名称</td><td align="center">EV71灭活疫苗（Vero 细胞）</td></tr>
<tr><td>接种费用
（fèiyong，cost）</td><td>自费（二类疫苗）</td></tr>
<tr><td>接种禁忌</td><td>1. 对本品中任何一种成分过敏者；
2. 发热、急性疾病期患者及慢性疾病急性发作者；
3. 严重慢性疾病患者、过敏体质者。</td></tr>
<tr><td>不良反应</td><td>1. 常见不良反应：发热、腹泻、烦躁、食欲下降、恶心、呕吐等，接种部位局部轻度红肿、疼痛、瘙痒等。
2. 罕见不良反应：高热等。</td></tr>
<tr><td>注意事项</td><td>仅用于预防由肠道病毒71型感染引起的手足口病，不能预防其他肠道病毒感染所致的手足口病。</td></tr>
<tr><td>备注</td><td>未尽事宜详见疫苗说明书。</td></tr>
</table>

（1）过敏体质者不适合接种EV71灭活疫苗。　　　　　　　　　　（　　）

（2）该疫苗接种后，可能会出现发热、腹泻等症状。　　　　　　（　　）

（3）接种该疫苗可以预防所有类型的手足口病。　　　　　　　　（　　）

任务二　儿童常见传染病的介绍

📋 准备

语言点　范围副词：仅

🎤 读一读

读句子，选择与句子意思一致的一项

仅少数患者会出现高热、意识模糊、惊厥等症状。

A. 只是少数患者会出现高热、意识模糊、惊厥等症状

B. 只要少数患者会出现高热、意识模糊、惊厥等症状

C. 只有少数患者会出现高热、意识模糊、惊厥等症状

📖 学一学

　　范围副词"仅（jǐn）"表示限定于某个范围或数值内，多用于书面语。其用法与"只（有）、仅仅"相同，但"仅仅"的强调语气比"仅、只（有）"强。

例句	（1）他仅用了半个小时就完成了考试。 （2）作业我仅做了三分之一。 （3）在这么多有名的城市中，我仅去过武汉。

✅ 练一练

用范围副词"仅"完成句子

（1）老板给我们的时间太少了，任务_____。

（2）你说的这几本书我都知道，但_____。

（3）_____，他就不来上班了。

🔲 示例

扫描二维码，获取
课文和生词音频

　　儿童免疫系统发育还不成熟，身体抵抗力较弱，很容易感染传染病。为了让孩子们健康成长，我校整理了以下关于儿童常见传染病的小知识，请家长朋友们认真阅读。

　　一、儿童常见传染病有哪些？

　　1. 流感，主要症状表现为鼻咽部痒、鼻塞、流涕和头痛等。

　　2. 手足口病，通常表现为口腔和咽喉部疱疹，以及手、脚、臀部和膝盖部皮疹，可伴有咳嗽、流涕、食欲不振、恶心、呕吐和头疼等症状。

生 词

1 儿童　értóng　*n.*　child
2 免疫系统　miǎnyì xìtǒng
　　n.　immune system

3 咽部　yānbù　*n.*　pharynx
4 鼻塞　bísè　*v.*
　　to have a stuffy nose
5 流涕　liútì　*v.*
　　to have a running nose
6 咽喉　yānhóu　*n.*
　　pharynx and larynx
7 臀部　túnbù　*n.*　buttock
8 膝盖　xīgài　*n.*　knee
9 皮疹　pízhěn　*n.*　skin rash

3. 疱疹性咽峡炎，一般会出现发热、咽痛、咽峡部黏膜小疱疹和浅表溃疡等症状。

4. 流行性腮腺炎，主要症状为耳前和耳下方肿胀、淀粉酶增高等。

5. 流行性乙型脑炎，大多数患者表现为无症状或轻症，仅少数患者会出现高热、意识模糊、惊厥等症状。

二、儿童常见传染病的预防方法

1. 养成良好的卫生及饮食习惯。勤开窗，保持室内空气新鲜；勤清洁，餐具、玩具要定期消毒；勤洗手，勤剪指甲，尽量少用手摸鼻子和眼睛；此外，饮食要清淡，避免食用辛辣食物。

2. 减少与传染源的接触。尽量避免长时间待在人多且空气不流通的场所；戴口罩，避免病毒通过呼吸道传播。

3. 密切关注孩子的身体健康，与老师加强沟通与配合。如果孩子出现发热、呕吐、腹泻、皮疹等症状，应及时到医

⑩ 疱疹性咽峡炎　pàozhěnxìng yānxiáyán　herpetic angina
咽峡炎　yānxiáyán　n. angina

⑪ 浅表溃疡　qiǎnbiǎo kuìyáng superficial ulcer

⑫ 腮腺炎　sāixiànyán　n. parotitis
腮腺　sāixiàn　n. parotid gland

⑬ 耳（朵）　ěr　n. ear

⑭ 淀粉酶　diànfěnméi　n. amylase

⑮ 乙型脑炎　yǐxíng nǎoyán n.　B encephalitis
脑炎　nǎoyán　n. encephalitis

⑯ 高热　gāorè　n. hyperpyrexia

⑰ 惊厥　jīngjué　v. to convulse, to faint from fear

⑱ 餐具　cānjù　n. tableware

⑲ 剪　jiǎn　v. to clip

⑳ 指甲　zhǐjia　n. fingernail

㉑ 摸　mō　v. to touch

㉒ 鼻子　bízi　n. nose

㉓ 传染源　chuánrǎnyuán　n. infection source

㉔ 待　dāi　v. to stay

㉕ 传播　chuánbō　v. to transmit

㉖ 沟通　gōutōng　v. to communicate

院诊治，并告知老师，便于班级采取相应防疫措施。

4. 作息规律，多运动。合理安排孩子的作息时间，帮助孩子形成良好的生物钟，鼓励孩子多参加体育锻炼。

5. 按时接种疫苗。接种疫苗是最有效、最安全、最经济的预防措施。

㉗	告知	gàozhī	v.	to inform
㉘	便于	biànyú	v.	to be convenient for
㉙	相应	xiāngyìng	v.	to correspond
㉚	防疫	fángyì	v.	to prevent epidemic
㉛	措施	cuòshī	n.	measure
㉜	生物钟	shēngwùzhōng	n.	biological clock

活动

答一答

（1）儿童常见的传染病有哪些？
（2）如何预防儿童常见传染病？

说一说

小组活动：四人一组，每人轮流以校医的身份向大家介绍儿童常见传染病的相关知识，其他三人做好记录。

儿童免疫系统发育还不成熟……

任务操练

实践

两人一组，根据图片场景，使用下列词语，模拟医生和病人家属之间的对话。

场景提示： 患儿因发热，手、口部出现疱疹来医院就诊，医生询问病人家属症状，给病人做相关检查，并向病人家属介绍儿童常见传染病的预防知识。

参考词语： 发烧　疱疹　血常规　肠道病毒核酸检测　药物治疗　儿童常见传染病预防

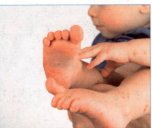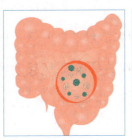

练习

（一）词语搭配

密切	模糊	采取	习惯
意识	关注	养成	核酸
浑身	偏高	剪	措施
白细胞	没劲	检测	指甲

（二）选择正确的词语填空

没劲　疱疹　鼻子　肠道　沟通　摸　鼻塞　生物钟

1. 最近我的（　　）老是流血，不过出血量不大，可能是天气干燥引起的。

2. 晚餐吃得太饱不仅会增加胃和（　　）的压力，而且还会影响睡眠。

3. 爬山爬了一半，我就感觉身体（　　）了。

4.（　　）使人呼吸不畅，睡觉时打鼾。

5. 不要跟感染了（　　）病毒的患者有亲密（qīnmì, close）接触。

6. 有人认为，经常（　　）孩子的头会让孩子长不高，其实这是不科学的。

7. 我们应该尽快改掉晚睡晚起的习惯，及时调整好（　　）。

8. 工作中应该多与同事（　　），互相交流经验，才能把工作做得更好。

（三）组词成句

1. 有点儿　的　扁桃体　充血　孩子　这个

_____

2. 接触　症状　我　过　有类似　的人

_____

3. 密切　身体健康　父母　应　关注　孩子的

_____

4. 和玩具　儿童的　需要　消毒　餐具　定期

_____

5. 手足口病疫苗　完全　手足口病　接种　并不能　预防

_____

（四）用指定词语或结构完成对话

1. A：你周末晚上一般几点睡觉？

   B：如果第二天不上班的话，我＿＿＿＿＿＿＿＿＿＿＿＿＿＿＿＿＿。

   （疑问代词……疑问代词……）

2. A：这家酒店，你觉得怎么样？

   B：不错，环境很好，离高铁站也很近，＿＿＿＿＿＿＿＿＿＿，就选这家酒
   店吧。（仅）

3. A：爸爸，这本字典应该放在哪儿啊？

   B：放在书架最下面吧，＿＿＿＿＿＿＿＿＿＿＿＿＿。（便于）

4. A：儿子做事情总是很慢，我真有点儿着急（zháojí，worried）。

   B：＿＿＿＿＿＿＿＿＿＿＿＿，可他都能一个人完成，你需要多点儿耐心。

   （"是"表示强调）

5. A：这次事故给工厂的生产带来了很大的影响，你们一定要提高警惕（jǐngtì，to
   be on the alert）。

   B：知道了，我们一定防止＿＿＿＿＿＿＿＿＿＿＿＿＿。（类似）

（五）阅读语段，选择与语段意思一致的一项

1. 流行性乙型脑炎，简称"乙脑"，是一种由乙型脑炎病毒引起、经蚊子传播的急
   性传染病，多发于夏秋季节。大多数轻型患者都可以顺利康复，但如果是重型或
   暴发型，其致死率可达 20% 以上，能存活（cúnhuó，to survive）下来的患者也
   常会留下后遗症（hòuyízhèng，sequela）。

   A. 乙脑可以直接传染给他人

   B. 乙脑患者的致死率可达 20% 以上

   C. 乙脑重症患者很有可能留下后遗症

2. 流行性腮腺炎是一种由腮腺炎病毒引起的呼吸道传染病，主要通过飞沫（fēimò，
   droplet）传播，一般在冬春季节高发，主要表现为腮腺肿大、胀痛。该病好发
   于儿童和青少年，家长应密切关注孩子的病情，及时就医，并做好隔离（gélí，

to quarantine）防护措施，避免传染给他人。

A. 腮腺炎不会在夏季出现

B. 腮腺肿大就表示得了腮腺炎

C. 儿童比较容易感染腮腺炎病毒

（六）请根据"任务一"中的示例内容，填写以下问诊信息

姓名：

主诉：

现病史：

既往史：

体格检查：

辅助检查结果：

初步诊断：

治疗意见：

医生签名：

拓展学习

一、词汇

"流行性""传染性"和"感染性"

　　在医学上，疾病具有流行性是指某一疾病在某段时间内在某一地区的发病人数明显多于平时。疾病具有传染性是指某一疾病的病原体可通过一定的方式在人与人或人与动物之间相互传播。疾病具有感染性是指某一疾病是由病毒、细菌、真菌（zhēnjūn，fungus）、寄生虫、支原体（zhīyuántǐ，mycoplasma）和衣原体（yīyuántǐ，chlamydia）等致病微生物引起的感染。

易混淆词	医学词汇
流行性	流行性感冒、流行性腮腺炎、流行性出血热
传染性	传染性非典型肺炎、传染性软疣、传染性单核细胞增多症
感染性	感染性发热、感染性休克、感染性荨麻疹（urticaria）

二、阅读

西医和中医眼中的小儿疾病与成人疾病

　　从婴儿到成人，人体各种器官在不断地发育和完善。小儿的器官尚未发育完善，使得小儿疾病在种类、病理反应、临床表现及预后等方面与成人疾病有较大差异。西医和中医虽基于不同的

医学理论，但对小儿疾病与成人疾病的认识却基本相同。

西医认为，小儿疾病与成人疾病具有较大的差异。首先，小儿疾病的种类与成人疾病有差异。由于小儿的免疫功能尚未完善，免疫球蛋白较低，机体各系统在生理方面尚未健全，因此小儿感染性疾病的发病率要比成人高。小儿代谢旺盛，对营养物质需求量大，但胃肠功能又不完善，所以比成人更易出现营养不良和消化功能紊乱。其次，小儿疾病的病理反应与成人疾病也不同。小儿发育不够成熟，致使不同病因引起的病理反应往往与成人不同，如婴幼儿稍微受到疾病的刺激就会出现异常血象。即使是相同病因，小儿疾病的病理反应也与成人略有差异，如缺乏维生素 D 时，小儿容易患佝偻病，成人则更易出现骨质软化症、骨质疏松症。再次，小儿疾病的临床表现与成人疾病不同。小儿患急性传染病或感染性疾病时，往往起病急，病情变化快，与成人相比更易伴发败血症、呼吸衰竭、循环衰竭、电解质紊乱等。最后，小儿疾病在预后方面与成人疾病也有不同。小儿患病后，如果诊治及时恰当，好转恢复也较成人快。小儿各脏器组织修复能力较强，后遗症一般较成人少。

在小儿疾病的临床表现和预后方面，中医的看法与西医基本一致。中医认为，小儿发病容易，传变迅速。由于小儿脏腑娇嫩，体质和功能均较脆弱，对疾病的抵抗能力差，寒暖不能自调，乳食不知自节，一旦调护失宜，则容易被外界环境和内在饮食所伤，极易患病，并且患病之后变化迅速。除此之外，小儿脏气清灵，易趋康复。小儿疾病在病情发展转归过程中，脏气清灵，活力充沛，反应敏捷。患病以后，经过合理的治疗，病情好转快，康复快，而且后遗症少。因此，小儿患病以后，及时、正确的治疗对预后至关重要。

（一）重要医学词语

1. 婴儿	yīng'ér	*n.*	baby, infant
2. 成人	chéngrén	*n.*	adult
3. 免疫球蛋白	miǎnyì qiúdànbái	*n.*	immunoglobulin
4. 健全	jiànquán	*adj.*	sound, sane
5. 佝偻病	gōulóubìng	*n.*	rickets
6. 骨质软化症	gǔzhì ruǎnhuàzhèng	*n.*	osteomalacia
7. 败血症	bàixuèzhèng	*n.*	septicemia
8. 电解质	diànjiězhì	*n.*	electrolyte
9. 调护	tiáohù	*v.*	to give convalescent care to (sb.)

（二）阅读材料，回答问题

1. 西医认为，小儿疾病与成人疾病有哪些不同？

_____

_____

_____

2. 中医认为，小儿疾病有哪些特点？

_____

_____

_____

自我评估

一、生词知多少

你认识下列词语吗？如果认识，请在词语前的"□"里画"√"；如果不认识，请再复习复习。

□ 浑身	□ 没劲	□ 疱疹	□ 扁桃体
□ 传染病	□ 手足口病	□ 肠道	□ 生物钟
□ 核酸	□ 流行性	□ 鼻塞	□ 流涕
□ 咽喉	□ 膝盖	□ 皮疹	□ 疱疹性咽峡炎
□ 浅表溃疡	□ 腮腺炎	□ 耳（朵）	□ 淀粉酶
□ 乙型脑炎	□ 高热	□ 惊厥	□ 指甲
□ 摸	□ 鼻子	□ 传染源	□ 防疫
□ 免疫系统			

👍 掌握了 26～29 个：非常好，为你点赞！

✊ 掌握了 21～25 个：不错，继续努力！

📖 掌握了 20 个及以下：好好复习，下次加油！

二、你知道怎么说吗？

你知道下列医学表达用在什么场景中吗？请选择合适的场景。

1. 嘴里有疱疹。 （　　）
2. 扁桃体充血。 （　　）
3. 耳前和耳下方肿胀。 （　　）
4. 勤洗手，勤剪指甲。 （　　）
5. 尽量少用手摸鼻子和眼睛。 （　　）

A

B　　　　C　　　　D　　　　E

第二十课
左耳的外耳道有点儿红肿

一、给下列词语选择对应的图片

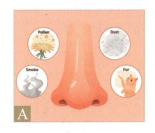

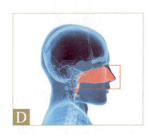
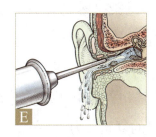

1. 耳镜_____

2. 冲洗_____

3. 春游_____

4. 耳鸣_____

5. 鼻腔_____

6. 过敏性鼻炎_____

二、听对话，选择正确答案

1. 冬冬的体温是多少?

　　A. 36.8℃　　　　　B. 37.8℃　　　　C. 38.8℃

2. 冬冬最近几天吃过什么药?

　　A. 头痛药　　　　　B. 胃药　　　　　C. 感冒药

3. 关于冬冬，下面哪一项是正确的?

　　A. 听不见了　　　　B. 拉肚子了　　　C. 耳朵胀痛

扫描二维码，获取
听力音频

任务学习

任务一　急性中耳炎的问诊

准备

语言点　目的复句：……，好……

读一读

读句子，选择与句子意思一致的一项

看看是细菌感染还是病毒感染，好对症下药。

A. 看看是细菌感染还是病毒感染，最好能对症下药

B. 看看是细菌感染还是病毒感染，便于对症下药

C. 看看是细菌感染还是病毒感染，容易对症下药

学一学

　　"……，好……"是目的复句，其中"好"是动词，意思是"便于"，后一句是前一句的目的。与此相对，在目的复句"为了……，……"中，前一句是后一句的目的。

> 例句
> （1）大家行动要快，好早点儿完成任务。
> （2）他每天都给妈妈打电话，好让妈妈放心。
> （3）你应该按时服药，好早日康复。

练一练

用目的复句"……，好……"完成句子

（1）明天上午有考试，今天晚上你要早点儿睡，明天早上＿＿＿＿＿＿＿＿＿＿＿。

（2）每天回家后，她都会复习一遍新学的生词，＿＿＿＿＿＿＿＿＿＿＿＿。

（3）＿＿＿＿＿＿＿＿＿＿＿，好让他变得更加自信（zìxìn, self-confident）。

📖 示例

扫描二维码，获取
课文和生词音频

- ➕ 科室：耳鼻喉科（门诊）
- ➕ 医生：杜斌
- ➕ 患者：冬冬
- ➕ 患者家属：韩欣欣

杜　斌：孩子怎么了？

韩欣欣：他上周去游泳，回来后就<u>着凉</u>感冒了，吃了几天药都还没好。今早起来又发烧了，而且左边耳朵开始痛，还有点儿<u>流脓</u>。

杜　斌：来，我们先做个<u>耳镜</u>检查。小朋友，侧着坐好，头不要乱动。妈妈把孩子的头<u>扶</u>好……左耳的<u>外耳道</u>有点儿红肿，有<u>脓性</u>分泌物<u>溢出</u>。这里疼吗？

冬　冬：有点儿疼。

杜　斌：小朋友，你还有哪里不舒服吗？

冬　冬：我头疼，嗓子也疼。

杜　斌：有没有<u>耳鸣</u>？

冬　冬："耳鸣"是什么意思？

杜　斌：就是耳朵里有"<u>嗡</u>嗡嗡"或者"<u>叽</u>叽叽"的声音。

冬　冬：有时候有。

生　词

1. 着凉　zháoliáng　v. to catch cold

2. 流脓　liúnóng　v. to discharge of pus, to fester

3. 耳镜　ěrjìng　n. otoscope

4. 扶　fú　v. to support with the hand

5. 外耳道　wài'ěrdào　n. external auditory canal

6. 脓性　nóngxìng　adj. purulent

7. 溢出　yìchū　to overflow

8. 耳鸣　ěrmíng　v. to suffer from tinnitus

9. 嗡　wēng　ono. buzz, hum

10. 叽　jī　ono. chirp

杜　斌：孩子最近有没有出现听力下降的情况？

韩欣欣：应该没有。

杜　斌：这几天吃了什么药吗？

韩欣欣：吃了三天的小儿感冒颗粒[1]。医生，他是不是耳朵发炎了？

杜　斌：是的。你们去做个血常规，看看是细菌感染还是病毒感染，好对症下药。

韩欣欣：好的。

（半个小时以后）

韩欣欣：医生，这是孩子的检查结果。

杜　斌：他的白细胞和中性粒细胞都偏高，属于细菌感染。他得的是急性中耳炎。

韩欣欣：他的情况严重吗？

杜　斌：不太严重，抗生素治疗[2]就可以了。他对青霉素过敏吗？

韩欣欣：不过敏。

杜　斌：好。另外，我再给他开点儿冲洗外耳道的药，你们取药后直接去治疗室找护士。

韩欣欣：好的，谢谢医生。

⑪ 听力　tīnglì　*n.* hearing

⑫ 颗粒　kēlì　*n.* granule

⑬ 对症下药　duìzhèng-xiàyào to suit the remedy to the case

⑭ 急性中耳炎
jíxìng zhōng'ěryán　*n.*
acute otitis media
中耳炎　zhōng'ěryán　*n.*
otitis media

⑮ 抗生素　kàngshēngsù　*n.*
antibiotic

⑯ 青霉素　qīngméisù　*n.*
penicillin

⑰ 冲洗　chōngxǐ　*v.*
to flush, to douche

Note：

1. 小儿感冒颗粒：一种中成药（zhōngchéngyào，Chinese patent medicine），主要治疗发热、头胀痛、咳嗽痰黏、咽喉肿痛等症状。

2. 抗生素治疗：指用抗生素治疗细菌感染或致病微生物感染类疾病。

活动

答一答

（1）冬冬怎么了？

（2）医生给冬冬的治疗方案是什么？

说一说

小组讨论： 急性中耳炎有哪些典型症状？要做哪些检查？讨论后请在下面对应的词语前面画"√"。如果还有别的症状和检查，请写在后面。

□ 耳朵疼痛

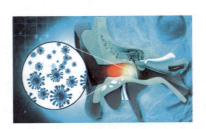

□ 耳朵流脓

□ 耳鸣

其他症状：＿＿＿＿＿＿＿＿＿＿＿＿＿＿＿＿＿＿＿＿＿＿

□ 耳镜检查

□ 血常规

□ 脑电图

其他检查：＿＿＿＿＿＿＿＿＿＿＿＿＿＿＿＿＿＿＿＿＿＿

读一读

读病历记录表，判断正误

姓名：王冬冬　　　　　　　性别：男　　　　　　年龄：10

就诊医院：×× 医院　　　　就诊科室：耳鼻喉科（门）

就诊时间：××-××-××

主诉：发热伴左耳流脓来诊。

现病史：患者 3 天前因感冒发热、头痛，口服小儿感冒颗粒 3 天。2 天前出现
　　　　耳痒，1 天前耳部疼痛，今早左耳流脓，现来我院就诊。

既往史：无。

体格检查：体温 37.8℃，左外耳道肿胀明显，可见黄色脓性分泌物溢出。

辅助检查：血常规。

初步诊断：急性中耳炎。

治疗意见：1. 遵医嘱服药；
　　　　　2. 冲洗外耳道。

医生签名：杜斌

（1）患者 2 天前出现耳痒、耳痛症状。　　　　　　　　　　　　　（　　）

（2）患者左外耳道可见黄色脓性分泌物溢出。　　　　　　　　　　（　　）

（3）患者被初步诊断为慢性中耳炎。　　　　　　　　　　　　　　（　　）

任务二　疾病介绍：过敏性鼻炎

➕ 准备

语言点　受事主语句：受事（＋施事）＋动词性成分

🎤 读一读

读句子，选择与句子意思一致的一项

两盒感冒药（她）都吃完了。

A. 她把两盒感冒药都吃完了

B. 她的两盒感冒药都被吃完了

C. 她感冒药都吃了两盒

📖 学一学

　　"受事（＋施事）＋动词性成分"是受事主语句。在受事主语句中，动词性成分所表动作的受事在句中充当主语，动词性成分所表动作的施事处于受事之后、动词之前。当施事无须说明时，它也可以不出现。

> **例句**
>
> （1）桌上的饭菜都吃完了。
>
> （2）任务我们只完成了一半。
>
> （3）这部电影我们都已经看过了。

☑ 练一练

将下列句子改为受事主语句

（1）花了差不多五个小时，她终于把这些衣服整理完了。

　　_____。

（2）工程师很快就修好了这台旧电脑。

　　_____。

（3）他已经学了三年中文了。

　　_____。

🩺 示例

扫描二维码，获取
课文和生词音频

上周末，小赵跟朋友春游回来后，她就开始打喷嚏、流鼻涕。一开始，她并没在意，以为是季节变化引起的普通感冒。可是，两盒感冒药都吃完了，她的病情仍然没有好转。她的鼻腔里很痒，像有虫子在爬，鼻涕像清水一样，有时还有眼角瘙痒、头痛等症状。看了医生后她才知道自己得的不是感冒，而是过敏性鼻炎。

过敏性鼻炎又称"变应性鼻炎"[1]，是一种由易感个体[2]接触病原或过敏原引起的鼻黏膜慢性炎症。临床上主要表现为鼻塞、鼻痒、流清鼻涕、打喷嚏等症状。这些症状跟感冒很像，往往容易被人忽视。事实上，过敏性鼻炎如果不及时治疗，很可能会导致鼻息肉、支气管哮喘、分泌性中耳炎和鼻窦炎等一系

生 词

① 春游　chūnyóu　v.
to have a spring outing

② 在意　zàiyì　v.　to care

③ 盒　hé　m.
a measure word for boxes

④ 鼻腔　bíqiāng　n.
nasal cavity

⑤ 虫子　chóngzi　n.　bug

⑥ 眼角　yǎnjiǎo　n.　canthus

⑦ 过敏性鼻炎　guòmǐnxìng
bíyán　allergic rhinitis
鼻炎　bíyán　n.　rhinitis

⑧ 变应性鼻炎　biànyìngxìng
bíyán　allergic rhinitis

⑨ 病原　bìngyuán　n.
pathogen

⑩ 鼻黏膜　bíniánmó　n.
nasal mucosa

⑪ 忽视　hūshì　v.　to neglect,
to ignore

⑫ 鼻息肉　bíxīròu　n.
nasal polyp

⑬ 分泌性中耳炎　fēnmìxìng
zhōng'ěryán　secretory
otitis media

⑭ 鼻窦炎　bídòuyán　n.
sinusitis

列并发症。

过敏性鼻炎的治疗原则是"防治结合，四位一体"。第一，环境控制。避免或减少接触过敏原和各种刺激物。第二，药物治疗。可使用激素或者抗过敏药物控制症状。第三，免疫治疗。明确过敏原后，采用皮下注射或舌下含服脱敏试剂的方法，让患者产生耐受性。第四，健康教育。良好的健康教育可以提高患者预防和治疗疾病的意识，增加患者的信心，达到更好的治疗效果。

⑮ 抗过敏　kàng guòmǐn
antiallergic

⑯ 皮下注射　píxià zhùshè
hypodermic injection

⑰ 舌下含服　shéxià hánfú
sublingual, keeping under tongue

⑱ 脱敏　tuōmǐn　v.
to desensitize

⑲ 试剂　shìjì　n.
reagent, agentia

⑳ 耐受性　nàishòuxìng　n.
tolerance

Note：

1. "过敏性鼻炎"和"变应性鼻炎"：两种鼻炎的病因不同，前者大多是由于接触过敏花粉或粉尘引起的，后者可由病毒感染或呼吸道感染引起。

2. 易感个体：指在同样条件下，对某种疾病的抵抗力比一般水平低或对某些物品的敏感度比一般水平高的人群。

活动

答一答

（1）过敏性鼻炎有哪些症状？

（2）过敏性鼻炎的治疗方法有哪些？

说一说

小组活动：四人一组，每人轮流以医生的身份向大家介绍过敏性鼻炎的相关知识，其他三人做好记录。

过敏性鼻炎又称"变应性鼻炎"……

任务操练

实践

两人一组，根据图片场景，使用下列词语，模拟医生对过敏性鼻炎病人的问诊。

场景提示： 患者因打喷嚏、流鼻涕、鼻痒等症状就诊，医生询问病人症状，给病人做相关检查，并给出治疗建议。

参考词语： 打喷嚏　流鼻涕　鼻痒　过敏原　药物治疗　免疫治疗

练习

（一）词语搭配

伤口	意识	耳朵	溢出
病情	流脓	接触	过敏原
提高	外耳道	流	发炎
冲洗	好转	分泌物	鼻涕

（二）选择正确的词语填空

着凉　耳鸣　听力　抗生素　在意　病原　忽视　对症下药

1. 奶奶今年七十多岁了，虽然视力变差了，但是（　　　）仍然很好。

2. 每个人都有自己的价值，所以不必太（　　　）别人的看法和评价。

3. 天气预报说明后两天有大风降温天气，大家一定要注意保暖，小心（　　　）。

4. 病毒性感冒没有必要使用（　　　）进行治疗。

5. 医生详细地询问了病人的病情，然后才（　　　）。

6. 人如果久坐不动，突然站起来时可能会出现头晕、（　　　）等症状。

7. 流行性感冒的（　　　）是流感病毒，它主要包括甲型、乙型和丙型三种。

8. 安全问题十分重要，任何小问题都不能（　　　）。

（三）组词成句

1. 不要　做　耳镜检查　的时候　乱动　请

_____

2. 对　您的　过敏　孩子　吗　青霉素

_____

3. 他的　由　引起的　是　中耳炎　细菌感染

_____

4. 过敏性鼻炎　像　很　的　症状　跟感冒

_____

5. 产生了　患者　这种药物　对　已经　耐受性

_____

（四）用指定词语或结构完成对话

1. A：明天下了班我开车来接你，然后一起去参加晚会。

B：好的，你快到了给我打个电话吧，我＿＿＿＿＿＿＿＿＿＿＿＿＿＿＿＿。

（……，好……）

2. A：刘护士，我要的那些材料找到了吗？

B：＿＿＿＿＿＿＿＿＿＿＿＿＿＿＿＿＿＿，我马上拿给您。

［受事（＋施事）＋动词性成分］

3. A：小王，刚才那位是你姐姐吗？

B：不是，不过我们俩从小一起长大，关系很好，就＿＿＿＿＿＿＿＿＿＿＿＿。

（像……一样）

4. A：这次比赛我们为什么输了呢？

B：其实，我们＿＿＿＿＿＿＿＿＿＿＿＿＿＿＿。（不是……，而是……）

5. A：张医生，你们办公室新来的实习生怎么样？

B：刚毕业的年轻人缺少经验，＿＿＿＿＿＿＿＿＿＿＿，他还需要时间成长。

（往往）

（五）阅读语段，选择与语段意思一致的一项

1. 鼻窦炎是指由病毒或细菌感染所引起的鼻窦黏膜炎症性疾病。在临床上，鼻窦炎多伴有鼻炎，而鼻炎也可引起鼻窦炎。两者的症状也较为相似，区别在于病变部位不同，所以治疗手段也不完全一样，这需要由专科医生做出诊断并制定治疗方案。

A. 鼻窦炎和鼻炎的症状一样

B. 鼻窦炎不属于鼻炎

C. 鼻窦炎和鼻炎的治疗手段相同

2. 如果出现外耳道发痒、耳朵疼痛、外耳道皮肤水肿或渗液（shènyè，to exude）等症状，就有可能患了外耳道炎，患者应及时去医院耳鼻喉科就诊，以免炎症

扩散引起并发症。另外，患者还要注意避免耳朵进水，暂时停止使用耳机或助听器，养成良好的耳部卫生习惯。

A. 外耳道炎的症状包括耳朵发痒、外耳道疼痛

B. 外耳道炎引起的并发症可以避免

C. 外耳道炎患者不能洗澡

（六）请根据"任务一"中的示例内容，简要描述患者冬冬的主要症状、诊断情况及治疗方案

📖 拓展学习

一、词汇

"脱～" 和 "耐～"

在医学上，"脱～"指解除某种状态或脱离原来的位置。例如，"脱敏"指解除过敏的状态，使不再过敏；"脱位"指骨头脱离了正常的位置。"耐～"指对药物或其他刺激物的敏感度下降或消失。例如，"耐药性"是指病原体对药物的敏感度下降或消失，从而使药物的治疗效果变差。两者均可使机体对药物或刺激物的敏感度降低或消失，前者是主动降低敏感度，后者往往是被动降低敏感度。

易混淆语素	医学词汇
脱	脱敏、脱位（luxation）、脱肛
耐	耐受性、耐药性、耐毒性

二、阅读

中医的耳诊

在中医看来，耳朵不仅是人体的听觉器官，也是全身经络的汇聚之处。耳朵与经络、脏腑有着密切的关系，各脏腑组织、器官在耳部均有相应的反应区，并且排列得密密麻麻的。这些反应区被称为"耳穴"。

中医的耳诊，即耳穴诊断法，是通过观察耳郭整

体和相应部位的形态变化来推断躯体或内脏病变的一种临床辅助诊断方法。它属于针灸学的一个分支，也是传统中医诊断方法的重要组成部分。

耳诊的依据在于局部反映整体，耳郭可以在一定程度上反映全身的信息。当人体脏腑、组织器官、躯干四肢等发生病变时，耳郭的相应部位会出现不同的阳性反应点。这些反应点会随着疾病的发展而变化，这些变化既可作为早期诊断的依据，也可用于推断患者的既往病史。耳郭最常见的变化是压痛，轻轻一压就疼痛难忍。除了压痛外，外观也会发生变化，如变色、变形、丘疹、结节、凹陷、水疱、血管充盈等。这些细微的变化，需要仔细与正常部位比较才能发现。如果身体某部位出现不适，那么找到与该部位对应的耳穴，并对其进行有效的刺激，就会有助于减轻症状，甚至治愈疾病。通过刺激耳穴来治疗全身疾病，体现了中医的整体观，突出了经络系统联系上下、沟通内外的功能。

耳诊是极具中医特色的诊断方法之一。耳诊不仅能诊断疾病，而且还能够用于预防和保健；但耳诊主要是通过望耳来诊断的，望耳只是中医"望闻问切"中的一种诊断方法，在判断人体健康状况、诊断疾病时还应当结合四诊，综合分析。

（一）重要医学词语

1. 耳穴	ěrxué	*n.*	auricular point
2. 耳郭	ěrguō	*n.*	pinna
3. 躯体	qūtǐ	*n.*	body
4. 针灸学	zhēnjiǔxué	*n.*	science of acupuncture and moxibustion
5. 丘疹	qiūzhěn	*n.*	papule

| 6. 结节 | jiéjié | *n.* | node |
| 7. 水疱 | shuǐpào | *n.* | blister |

（二）阅读材料，回答问题

1. 中医认为，耳朵各部位和人体各器官有什么关系？

_____

_____

_____

2. 中医耳诊的依据是什么？

_____

_____

_____

自我评估

一、生词知多少

你认识下列词语吗？如果认识，请在词语前的"□"里画"√"；如果不认识，请再复习复习。

□ 着凉	□ 流脓	□ 耳镜	□ 外耳道
□ 脓性	□ 溢出	□ 耳鸣	□ 听力
□ 颗粒	□ 对症下药	□ 急性中耳炎	□ 抗生素
□ 青霉素	□ 冲洗	□ 鼻腔	□ 眼角
□ 过敏性鼻炎	□ 变应性鼻炎	□ 病原	□ 鼻黏膜
□ 鼻息肉	□ 分泌性中耳炎	□ 抗过敏	□ 皮下注射
□ 舌下含服	□ 脱敏	□ 试剂	□ 耐受性

👍 掌握了 26 ~ 28 个：非常好，为你点赞！

✊ 掌握了 22 ~ 25 个：不错，继续努力！

📖 掌握了 21 个及以下：好好复习，下次加油！

二、你知道怎么说吗？

你知道下列医学表达用在什么场景中吗？请选择合适的场景。

1. 做耳镜检查。 （ ）
2. 右耳有脓性分泌物溢出。 （ ）
3. 对青霉素过敏。 （ ）
4. 冲洗外耳道。 （ ）
5. 皮下注射或舌下含服脱敏试剂。 （ ）

A

B   C   D   E

附　录

语法术语缩略形式一览表

缩略形式	英文名称	中文名称
adj.	Adjective	形容词
adv.	Adverb	副词
conj.	Conjunction	连词
int.	Interjection	叹词
m.	Measure Word	量词
n.	Noun	名词
num.	Numeral	数词
ono.	Onomatopoeia	拟声词
part.	Particle	助词
PN	Proper Noun	专有名词
pref.	Prefix	前缀
prep.	Preposition	介词
pron.	Pronoun	代词
q.	Quantifier	数量词
suf.	Suffix	后缀
v.	Verb	动词

生 词 表

词语	拼音	词性	英译	课号
A				
阿姨	āyí	*n.*	aunt	13
癌细胞	áixìbāo	*n.*	cancer cell	15
癌症	áizhèng	*n.*	cancer	15
按摩	ànmó	*v.*	to massage	16
B				
靶向	bǎxiàng	*n.*	targeting	15
斑点	bāndiǎn	*n.*	spot, fleck	17
保胎	bǎotāi	*v.*	to prevent miscarriage	18
报告	bàogào	*n./v.*	report; to report	12
暴露	bàolù	*v.*	to expose	15
备孕	bèiyùn	*v.*	to prepare for pregnancy	18
被动	bèidòng	*adj.*	passive	15
鼻窦炎	bídòuyán	*n.*	sinusitis	20
鼻黏膜	bíniánmó	*n.*	nasal mucosa	20
鼻腔	bíqiāng	*n.*	nasal cavity	20
鼻塞	bísè	*v.*	to have a stuffy nose	19
鼻息肉	bíxīròu	*n.*	nasal polyp	20
鼻炎	bíyán	*n.*	rhinitis	20
鼻子	bízi	*n.*	nose	19
毕业	bìyè	*v.*	to graduate	12

词语	拼音	词性	英译	课号
扁桃体	biǎntáotǐ	*n.*	tonsil	19
变应性鼻炎	biànyìngxìng bíyán		allergic rhinitis	20
便于	biànyú	*v.*	to be convenient for	19
表面	biǎomiàn	*n.*	surface	17
表面抗原	biǎomiàn kàngyuán	*n.*	surface antigen	17
病毒	bìngdú	*n.*	virus	17
病毒性肝炎	bìngdúxìng gānyán		virus hepatitis	17
病理	bìnglǐ	*n.*	pathology	15
病例	bìnglì	*n.*	case (of illness)	13
病因	bìngyīn	*n.*	cause of disease	15
病原	bìngyuán	*n.*	pathogen	20
脖子	bózi	*n.*	neck	12
不振	búzhèn	*adj.*	poor	12

C

彩超	cǎichāo	*n.*	color ultrasound	11
餐具	cānjù	*n.*	tableware	19
产检	chǎnjiǎn	*n.*	antenatal examination	18
肠道	chángdào	*n.*	intestinal tract	19
肠鸣音	chángmíngyīn	*n.*	bowel sound	14
畅通	chàngtōng	*adj.*	unblocked	11
潮红	cháohóng	*adj.*	(of face/skin) flushed	13
车祸	chēhuò	*n.*	car accident	16
彻底	chèdǐ	*adj.*	thorough	17
晨起	chénqǐ	*v.*	to get up in the morning	14

词语	拼音	词性	英译	课号
呈	chéng	v.	to manifest, to show	14
程度	chéngdù	n.	level, degree	11
持久	chíjiǔ	adj.	lasting, enduring	11
冲洗	chōngxǐ	v.	to flush, to douche	20
充血	chōngxuè	v.	to suffer from hyperaemia	13
虫子	chóngzi	n.	bug	20
出行	chūxíng	v.	to go out	18
初步	chūbù	adj.	initial	18
初次	chūcì	n.	the first time	12
触诊	chùzhěn	v.	to palpate	12
穿刺	chuāncì	v.	to puncture	15
传播	chuánbō	v.	to transmit	19
传染病	chuánrǎnbìng	n.	infectious disease	19
传染源	chuánrǎnyuán	n.	infection source	19
传统	chuántǒng	adj./n.	traditional; tradition	15
春游	chūnyóu	v.	to have a spring outing	20
从而	cóng'ér	conj.	thus, thereby	11
猝死	cùsǐ	v.	to die suddenly	11
挫裂伤	cuòlièshāng	n.	contusion and laceration	16
措施	cuòshī	n.	measure	19

D

达到	dádào	v.	to achieve	13
打鼾	dǎhān	v.	to snore	12
打通	dǎtōng	v.	to open up	11

词语	拼音	词性	英译	课号
大三阳	dàsānyáng		HBsAg, HBeAg and HBcAb test positive	17
待	dāi	v.	to stay	19
代谢	dàixiè	v.	to metabolize	12
蛋白尿	dànbáiniào	n.	proteinuria	14
抵抗	dǐkàng	v.	to resist	12
碘	diǎn	n.	iodine	12
电离辐射	diànlí fúshè		ionizing radiation	15
淀粉酶	diànfěnméi	n.	amylase	19
定论	dìnglùn	n.	final conclusion	15
动脉	dòngmài	n.	artery	11
窦性心律	dòuxìng xīnlǜ		sinus rhythm	11
堵塞	dǔsè	v.	to block up, to stop up	11
度过	dùguò	v.	to spend, to pass (the time)	11
对症下药	duìzhèng-xiàyào		to suit the remedy to the case	20
多发	duōfā	adj.	multiple	14
多样性	duōyàngxìng	n.	variety, diversity	14

E

词语	拼音	词性	英译	课号
e 抗原	e kàngyuán	n.	e antigen	17
额叶	éyè	n.	frontal lobe	16
恶病质	èbìngzhì	n.	cachexia	15
恶化	èhuà	v.	to worsen, to deteriorate	14
恶性	èxìng	adj.	malignant	15
儿童	értóng	n.	child	19

词语	拼音	词性	英译	课号
耳（朵）	ěr	*n.*	ear	19
耳镜	ěrjìng	*n.*	otoscope	20
耳鸣	ěrmíng	*v.*	to suffer from tinnitus	20

F

发病率	fābìnglǜ	*n.*	incidence rate (of a disease)	13
乏力	fálì	*adj.*	feeble, lacking in strength	12
翻身	fānshēn	*v.*	to turn over	16
烦躁	fánzào	*adj.*	agitated and restless	13
烦躁不安	fánzào bù'ān		to have the dysphoria	13
防疫	fángyì	*v.*	to prevent epidemic	19
放疗	fàngliáo	*n.*	radiotherapy	15
放射	fàngshè	*v.*	to radiate	14
放射线	fàngshèxiàn	*n.*	radioactive ray	15
肺癌	fèi'ái	*n.*	lung cancer	15
肺腺癌	fèixiàn'ái	*n.*	pulmonary adenocarcinoma	15
分布	fēnbù	*v.*	to distribute	13
分布区	fēnbùqū	*n.*	distribution area	13
分泌性中耳炎	fēnmìxìng zhōng'ěryán		secretory otitis media	20
否则	fǒuzé	*conj.*	or else	14
夫妻	fūqī	*n.*	husband and wife	18
扶	fú	*v.*	to support with the hand	20
浮肿	fúzhǒng	*v.*	to suffer from edema	14
辐射	fúshè	*v.*	to radiate	15

词语	拼音	词性	英译	课号
复诊	fùzhěn	*v.*	to make a follow-up visit	13
副作用	fùzuòyòng	*n.*	side effect	15
腹股沟	fùgǔgōu	*n.*	groin	14

G

改掉	gǎidiào		to change thoroughly	17
改善	gǎishàn	*v.*	to improve	13
甘油三酯	gānyóusānzhǐ	*n.*	triglyceride	11
肝	gān	*n.*	liver	15
肝癌	gān'ái	*n.*	liver cancer	17
肝炎	gānyán	*n.*	hepatitis	17
肝脏	gānzàng	*n.*	hepar, liver	17
高热	gāorè	*n.*	hyperpyrexia	19
高脂高油	gāozhī gāoyóu		high in fat and oil	17
告知	gàozhī	*v.*	to inform	19
个体化	gètǐhuà	*n.*	individuation	15
根部	gēnbù	*n.*	root	17
宫口	gōngkǒu	*n.*	uterine orifice	18
宫内	gōngnèi	*n.*	intrauterine	18
沟通	gōutōng	*v.*	to communicate	19
骨转移	gǔzhuǎnyí	*n.*	bone metastasis	15
关节	guānjié	*n.*	joint	12
关于	guānyú	*prep.*	about	15
冠脉支架植入术	guānmài zhījià zhírùshù		coronary stent implantation	11

词语	拼音	词性	英译	课号
冠心病	guānxīnbìng	*n.*	coronary heart disease	11
冠状动脉（冠脉）	guānzhuàng-dòngmài	*n.*	coronary artery	11
管床医生	guǎnchuáng yīshēng		resident doctor	16
广泛	guǎngfàn	*adj.*	extensive, wide	13
过敏性鼻炎	guòmǐnxìng bíyán		allergic rhinitis	20

H

海带	hǎidài	*n.*	kelp	12
海鲜	hǎixiān	*n.*	seafood	14
含	hán	*v.*	to contain	14
含服	hánfú	*v.*	to suck and not swallow	11
含有	hányǒu	*v.*	to contain	12
汗	hàn	*n.*	perspiration	12
好转	hǎozhuǎn	*v.*	to get better, to improve	13
合并症	hébìngzhèng	*n.*	comorbidity	14
合成	héchéng	*v.*	to synthesize	12
合理	hélǐ	*adj.*	reasonable, rational	13
核酸	hésuān	*n.*	nucleic acid	19
核心	héxīn	*n.*	core	17
核心抗体	héxīn kàngtǐ	*n.*	core antibody	17
盒	hé	*m.*	a measure word for boxes	20
忽视	hūshì	*v.*	to neglect, to ignore	20
化疗	huàliáo	*n.*	chemotherapy	15

词语	拼音	词性	英译	课号
怀孕	huáiyùn	*v.*	to be pregnant	18
坏死	huàisǐ	*v.*	to cause necrosis	11
汇报	huìbào	*v./n.*	to report; report	14
浑身	húnshēn	*n.*	whole body	19

J

叽	jī	*ono.*	chirp	20
机制	jīzhì	*n.*	mechanism	15
积液	jīyè	*n.*	hydrops, dropsy	15
基本	jīběn	*adj.*	basic	14
激动	jīdòng	*adj./v.*	excited; to excite	11
及	jí	*conj.*	and	11
急性中耳炎	jíxìng zhōng'ěryán	*n.*	acute otitis media	20
集中	jízhōng	*v./adj.*	to concentrate, to focus; concentrated, focused	13
记录	jìlù	*v./n.*	to record; record	16
记忆力	jìyìlì	*n.*	memory	12
既往	jìwǎng	*n.*	past	14
家属	jiāshǔ	*n.*	family member	15
甲亢	jiǎkàng	*n.*	hyperthyroidism	12
甲状腺	jiǎzhuàngxiàn	*n.*	thyroid gland	12
甲状腺功能减退症（甲减）	jiǎzhuàngxiàn gōngnéng jiǎntuìzhèng	*n.*	hypothyroidism	12
甲状腺激素	jiǎzhuàngxiàn jīsù	*n.*	thyroid hormone	12
监护	jiānhù	*v.*	to observe, to monitor	11

词语	拼音	词性	英译	课号
剪	jiǎn	v.	to clip	19
降低	jiàngdī	v.	to decrease	12
教授	jiàoshòu	n.	professor	12
节奏	jiézòu	n.	pace	12
结膜	jiémó	n.	conjunctiva	13
解	jiě		to excrete	14
解除	jiěchú	v.	to relieve	13
戒	jiè	v.	to stop, to give up	17
界	jiè	suf.	circle, world	15
惊厥	jīngjué	v.	to convulse, to faint from fear	19
精神	jīngshén	n.	mind	11
精心	jīngxīn	adj.	meticulous	16
颈部	jǐngbù	n.	neck	17
酒精	jiǔjīng	n.	(ethyl) alcohol	17
救护车	jiùhùchē	n.	ambulance	16
局部	júbù	n.	part	15
卷心菜	juǎnxīncài	n.	cabbage	12

K

词语	拼音	词性	英译	课号
开口	kāikǒu	n.	incision	13
康复	kāngfù	v.	to recover	16
抗	kàng	v.	to resist	17
抗病毒	kàng bìngdú		antiviral	17
抗过敏	kàng guòmǐn		antiallergic	20
抗生素	kàngshēngsù	n.	antibiotic	20

词语	拼音	词性	英译	课号
抗体	kàngtǐ	*n.*	antibody	17
抗原	kàngyuán	*n.*	antigen	17
科室	kēshì	*n.*	clinical department	12
颗粒	kēlì	*n.*	granule	20
恐惧	kǒngjù	*adj.*	frightened	16
叩背	kòubèi	*v.*	to percuss back	16
叩痛	kòutòng	*n.*	percussion pain	14
扩散	kuòsàn	*v.*	to spread	15

L

了解	liǎojiě	*v.*	to understand	11
类似	lèisì	*v./adj.*	to be similar to; similar	19
立即	lìjí	*adv.*	immediately	18
例假	lìjià	*n.*	menstrual period	18
量	liáng	*v.*	to measure, to check	11
聊天儿	liáotiānr	*v.*	to chat	12
磷	lín	*n.*	phosphorus	14
流产	liúchǎn	*v.*	to miscarry	18
流泪	liúlèi	*v.*	to shed tears	13
流脓	liúnóng	*v.*	to discharge of pus, to fester	20
流涕	liútì	*v.*	to have a running nose	19
流涎	liúxián	*v.*	to salivate	13
流行性	liúxíngxìng	*n.*	epidemicity	19
硫氰酸盐	liúqíngsuānyán	*n.*	thiocyanate	12
颅	lú	*n.*	cranium	16

词语	拼音	词性	英译	课号
颅内血肿	lú'nèi xuèzhǒng		intracranial hematoma	16
颅内压	lú'nèiyā	*n.*	intracranial pressure	16
陆续	lùxù	*adv.*	one after another, successively	13

M

脉搏	màibó	*n.*	pulse	16
没劲	méijìn	*v.*	to be exhausted	19
闷	mēn	*adj.*	stuffy, tight	11
弥漫性	mímànxìng	*adj.*	diffuse	17
密切	mìqiè	*adj.*	careful, close	16
免疫	miǎnyì	*v.*	to immunize	12
免疫力	miǎnyìlì	*n.*	immunity	12
免疫系统	miǎnyì xìtǒng	*n.*	immune system	19
明确	míngquè	*v./adj.*	to make clear; explicit	11
摸	mō	*v.*	to touch	19
末次月经	mòcì yuèjīng		last menstrual period	18
母体	mǔtǐ	*n.*	mother's body	18
拇指	mǔzhǐ	*n.*	thumb	17

N

耐受性	nàishòuxìng	*n.*	tolerance	20
耐心	nàixīn	*adj./n.*	patient; patience	15
男性	nánxìng	*n.*	male	14
难免流产	nánmiǎn liúchǎn		inevitable abortion	18

词语	拼音	词性	英译	课号
脑电图	nǎodiàntú	*n.*	electroencephalogram	13
脑炎	nǎoyán	*n.*	encephalitis	19
内科	nèikē	*n.*	(department of) internal medicine	12
内脏	nèizàng	*n.*	viscera	14
黏稠	niánchóu	*adj.*	sticky and thick	11
尿蛋白	niàodànbái	*n.*	urinary protein	14
脓性	nóngxìng	*adj.*	purulent	20

P

拍	pāi	*v.*	to take	14
膀胱	pángguāng	*n.*	bladder	14
疱疹	pàozhěn	*n.*	herpes	19
疱疹性咽峡炎	pàozhěnxìng yānxiáyán		herpetic angina	19
胚胎	pēitāi	*n.*	embryo	18
陪伴	péibàn	*v.*	to accompany	15
配合	pèihé	*v.*	to cooperate	15
皮下注射	píxià zhùshè		hypodermic injection	20
皮疹	pízhěn	*n.*	skin rash	19
脾脏	pízàng	*n.*	spleen	17
贫血	pínxuè	*v.*	to suffer from anemia	15
平底鞋	píngdǐxié	*n.*	flat shoes	18
平复	píngfù	*v.*	to calm down	15
平稳	píngwěn	*adj.*	steady	11

词语	拼音	词性	英译	课号
		Q		
期间	qījiān	*n.*	period	18
其	qí	*pron.*	his (her, its, their)	11
起源	qǐyuán	*v.*	to originate from	15
潜血	qiánxuè	*n.*	occult blood	14
浅表溃疡	qiǎnbiǎo kuìyáng		superficial ulcer	19
桥本甲状腺炎	Qiáoběn jiǎzhuàngxiànyán	*n.*	Hashimoto thyroiditis	12
青霉素	qīngméisù	*n.*	penicillin	20
轻松	qīngsōng	*adj.*	relaxed	13
清醒	qīngxǐng	*v./adj.*	to regain consciousness; conscious, sober	16
情绪	qíngxù	*n.*	mood	16
趋势	qūshì	*n.*	trend, tendency	11
全麻	quánmá	*adj.*	generally anesthetic	16
缺血	quēxuè	*v.*	to suffer from ischemia	11
确诊	quèzhěn	*v.*	to confirm the diagnosis	12
		R		
热量	rèliàng	*n.*	calorie	12
妊娠物	rènshēnwù	*n.*	pregnancy tissue	18
溶栓	róngshuān	*v.*	to perform thrombolytic therapy	11
入学	rùxué	*v.*	to enroll in (a university)	11
弱	ruò	*adj.*	weak	12

词语	拼音	词性	英译	课号
			S	
腮腺	sāixiàn	*n.*	parotid gland	19
腮腺炎	sāixiànyán	*n.*	parotitis	19
三叉神经	sānchā shénjīng	*n.*	trigeminus	13
三叉神经痛	sānchā shénjīngtòng	*n.*	trigeminal neuralgia	13
上皮细胞	shàngpí xìbāo	*n.*	epithelial cell	15
上消化道	shàngxiāohuàdào	*n.*	upper gastrointestinal tract	17
舌下含服	shéxià hánfú		sublingual, keeping under tongue	20
神经	shénjīng	*n.*	nerve	13
神经内科	shénjīng nèikē	*n.*	neurology department	13
神经衰弱	shénjīng shuāiruò	*n.*	neurasthenia	13
肾	shèn	*n.*	kidney	14
肾毒性	shèndúxìng	*n.*	renal toxicity	14
肾衰竭	shènshuāijié	*n.*	renal failure	14
肾小球	shènxiǎoqiú	*n.*	glomerulus	14
肾小球肾炎	shènxiǎoqiú shènyán	*n.*	glomerulonephritis	14
肾炎	shènyán	*n.*	nephritis	14
升高	shēnggāo	*v.*	to go up, to rise	11
生命体征	shēngmìng tǐzhēng	*n.*	vital sign	11
生物钟	shēngwùzhōng	*n.*	biological clock	19
剩菜剩饭	shèngcài shèngfàn		leftovers	17
失眠	shīmián	*v.*	to suffer from insomnia	12
失去	shīqù	*v.*	to lose	16

词语	拼音	词性	英译	课号
十字花科	shízì huākē		Cruciferae	12
时间表	shíjiānbiǎo	*n.*	schedule	18
实习	shíxí	*v./n.*	to serve as an intern; practice	12
食用	shíyòng	*v.*	to eat	14
食欲	shíyù	*n.*	appetite	12
食欲不振	shíyù búzhèn		inappetence	12
试剂	shìjì	*n.*	reagent, agentia	20
试纸	shìzhǐ	*n.*	test paper	18
嗜睡	shìshuì	*v.*	to suffer from sleepiness	12
手足口病	shǒuzúkǒubìng	*n.*	hand-foot-mouth disease	19
疏通	shūtōng	*v.*	to dredge, to unchoke	11
输尿管	shūniàoguǎn	*n.*	ureter	14
数据	shùjù	*n.*	data	17
衰竭	shuāijié	*v.*	to fail physically	14
衰弱	shuāiruò	*adj.*	feeble	13
双侧	shuāngcè	*n.*	both sides	16
水肿	shuǐzhǒng	*v.*	to suffer from dropsy	14
酸痛	suāntòng	*adj.*	sore	14
随意	suíyì	*adj.*	at will, as one likes	18
损害	sǔnhài	*v.*	to injure, to damage	14

T

胎儿	tāi'ér	*n.*	fetus, unborn baby	18
胎膜	tāimó	*n.*	fetal membrane	18
胎心	tāixīn	*n.*	fetal heart	18

词语	拼音	词性	英译	课号
胎芽	tāiyá	*n.*	fetal bud	18
提示	tíshì	*v.*	to point out	17
体温	tǐwēn	*n.*	body temperature	14
体征	tǐzhēng	*n.*	bodily sign	11
铁质	tiězhì	*n.*	iron	12
听力	tīnglì	*n.*	hearing	20
通畅	tōngchàng	*adj.*	unobstructed	16
瞳孔	tóngkǒng	*n.*	pupil (of the eye)	16
头部	tóubù	*n.*	head	13
头晕	tóuyūn	*v.*	to feel dizzy	14
臀部	túnbù	*n.*	buttock	19
脱发	tuōfà	*v.*	to lose one's hair, to suffer from alopecia	15
脱敏	tuōmǐn	*v.*	to desensitize	20

W

外耳道	wài'ěrdào	*n.*	external auditory canal	20
外伤	wàishāng	*n.*	trauma, injury	16
晚期	wǎnqī	*n.*	advanced stage	15
危害	wēihài	*v./n.*	to do harm to; harm	11
微弱	wēiruò	*adj.*	weak	16
维持	wéichí	*v.*	to maintain, to keep	12
维生素	wéishēngsù	*n.*	vitamin	12
未	wèi	*adv.*	not	14
胃口	wèikǒu	*n.*	appetite	13

词语	拼音	词性	英译	课号
嗡	wēng	*ono.*	buzz, hum	20
污染	wūrǎn	*v.*	to pollute	15
无	wú	*v.*	to not have	14
物品	wùpǐn	*n.*	article, goods	17
雾化	wùhuà	*v.*	to atomize	16

X

词语	拼音	词性	英译	课号
西蓝花	xīlánhuā	*n.*	broccoli	12
吸烟	xīyān	*v.*	to smoke	11
膝盖	xīgài	*n.*	knee	19
狭窄	xiázhǎi	*adj.*	narrow	11
先天性	xiāntiānxìng	*n.*	innateness	11
先兆流产	xiānzhào liúchǎn		threatened abortion	18
纤维素	xiānwéisù	*n.*	fiber	17
显微血管减压术	xiǎnwēi xuèguǎn jiǎnyāshù		microvascular decompression	13
限制	xiànzhì	*v.*	to restrict, to limit	14
相符	xiāngfú	*adj.*	accordant, consilient	18
相应	xiāngyìng	*v.*	to correspond	19
详细	xiángxì	*adj.*	detailed	13
消除	xiāochú	*v.*	to eliminate, to remove	16
消瘦	xiāoshòu	*adj.*	emaciated	15
硝酸甘油	xiāosuān gānyóu	*n.*	nitroglycerin	11
小三阳	xiǎosānyáng		HBsAg, HBeAb and HBcAb test positive	17

词语	拼音	词性	英译	课号
小指	xiǎozhǐ	*n.*	little finger	17
携带	xiédài	*v.*	to carry	17
携带者	xiédàizhě	*n.*	carrier	17
心电监护	xīndiàn jiānhù		electrocardiogram monitoring	11
心电图	xīndiàntú	*n.*	electrocardiogram	11
心肌	xīnjī	*n.*	cardiac muscle	11
心肌梗死（心梗）	xīnjī gěngsǐ		myocardial infarction	11
心肌酶	xīnjīméi	*n.*	myocardial enzyme	11
心绞痛	xīnjiǎotòng	*n.*	angina pectoris	11
心律	xīnlǜ	*n.*	heart rhythm	11
心率	xīnlǜ	*n.*	heart rate	14
心态	xīntài	*n.*	mentality, state of mind	18
心血管	xīnxuèguǎn	*n.*	cardiovascular	11
心脏	xīnzàng	*n.*	heart	11
心脏病	xīnzàngbìng	*n.*	heart disease	11
新兴	xīnxīng	*adj.*	emerging	15
胸骨	xiōnggǔ	*n.*	sternum	11
胸口	xiōngkǒu	*n.*	chest	11
胸膜	xiōngmó	*n.*	pleura	15
胸腔	xiōngqiāng	*n.*	thoracic cavity	15
酗酒	xùjiǔ	*v.*	to drink excessively	17
血管	xuèguǎn	*n.*	blood vessel	11
血流	xuèliú	*n.*	blood stream	11
血尿	xuèniào	*n.*	hematuria	14
血清	xuèqīng	*n.*	serum	11

词语	拼音	词性	英译	课号
血压	xuèyā	*n.*	blood pressure	11
血脂	xuèzhī	*n.*	blood fat	11
血肿	xuèzhǒng	*n.*	hematoma	16
询问	xúnwèn	*v.*	to inquire	14
训练	xùnliàn	*v.*	to train	16

Y

牙刷	yáshuā	*n.*	toothbrush	17
咽部	yānbù	*n.*	pharynx	19
咽喉	yānhóu	*n.*	pharynx and larynx	19
咽峡炎	yānxiáyán	*n.*	angina	19
烟草	yāncǎo	*n.*	tobacco	15
延长	yáncháng	*v.*	to lengthen	15
延缓	yánhuǎn	*v.*	to delay, to postpone	14
研究	yánjiū	*v.*	to research, to study	17
研究生	yánjiūshēng	*n.*	postgraduate	11
盐	yán	*n.*	salt	11
眼睑	yǎnjiǎn	*n.*	eyelid	14
眼角	yǎnjiǎo	*n.*	canthus	20
眼球	yǎnqiú	*n.*	eyeball	12
阳性	yángxìng	*n.*	positive	14
叶酸	yèsuān	*n.*	folic acid	18
医护	yīhù	*v.*	to cure and nurse	16
乙	yǐ	*n.*	the second of the ten Heavenly Stems	17

词语	拼音	词性	英译	课号
乙肝	yǐgān	*n.*	hepatitis B	17
乙型脑炎	yǐxíng nǎoyán	*n.*	B encephalitis	19
溢出	yìchū		to overflow	20
阴性	yīnxìng	*n.*	negative	14
饮料	yǐnliào	*n.*	drink, beverage	17
应用	yìngyòng	*v.*	to apply	13
优质	yōuzhì	*adj.*	high-quality	12
尤其	yóuqí	*adv.*	especially	17
游乐场	yóulèchǎng	*n.*	pleasure ground, amusement park	19
瑜伽	yújiā	*n.*	yoga	13
预后	yùhòu	*n.*	prognosis	13
原发性	yuánfāxìng	*n.*	primary	15
原则	yuánzé	*n.*	principle	12
孕妇	yùnfù	*n.*	pregnant woman	18
孕囊	yùnnáng	*n.*	gestational sac	18
孕期	yùnqī	*n.*	pregnancy, gestation	18
孕吐	yùntù	*v.*	to vomite during pregnancy	18
孕周	yùnzhōu	*n.*	gestational week	18

Z

在意	zàiyì	*v.*	to care	20
在于	zàiyú	*v.*	to lie in	11
早日	zǎorì	*adv.*	soon	16
早孕	zǎoyùn	*v.*	to get early pregnant	18

词语	拼音	词性	英译	课号
造影	zàoyǐng	*v.*	to make a radiography	11
丈夫	zhàngfu	*n.*	husband	15
着凉	zháoliáng	*v.*	to catch cold	20
针对	zhēnduì	*v.*	to aim at	14
阵发性	zhènfāxìng	*adj.*	paroxysmal	13
阵痛	zhèntòng	*n.*	labor pain	18
之间	zhījiān	*n.*	middle	14
之前	zhīqián	*n.*	precedent	11
脂肪肝	zhīfánggān	*n.*	fatty liver	17
蜘蛛	zhīzhū	*n.*	spider	17
蜘蛛痣	zhīzhūzhì	*n.*	spider nevus	17
指导	zhǐdǎo	*v.*	to guide	18
指甲	zhǐjia	*n.*	fingernail	19
质量	zhìliàng	*n.*	quality	15
致	zhì		to cause	15
致命	zhìmìng	*v.*	to be lethal, to be fatal	17
痣	zhì	*n.*	nevus	17
中耳炎	zhōng'ěryán	*n.*	otitis media	20
肿瘤	zhǒngliú	*n.*	tumor	15
重油重盐	zhòng yóu zhòng yán		highly salty and oily (for diet)	11
重症	zhòngzhèng	*n.*	severe case	16
重症监护病房	zhòngzhèng jiānhù bìngfáng	*n.*	intensive care unit, ICU	16
粥样硬化	zhōuyàng yìnghuà		atherosis	11
嘱咐	zhǔfù	*v.*	to enjoin	12

词语	拼音	词性	英译	课号
注射	zhùshè	*v.*	to inject	17
注意力	zhùyìlì	*n.*	attention	13
转氨酶	zhuǎn'ānméi	*n.*	aminotransferase	17
状态	zhuàngtài	*n.*	state	16
撞倒	zhuàngdǎo		to knock down	16
撞击	zhuàngjī	*v.*	to collide, to dash against	16
浊音	zhuóyīn	*n.*	dullness	14
仔细	zǐxì	*adj.*	careful	14
紫菜	zǐcài	*n.*	laver	12
自诉	zìsù	*v.*	to give an account of oneself	14
自愈	zìyù	*v.*	to undergo autotherapy	13
综合征	zōnghézhēng	*n.*	syndrome	12
作为	zuòwéi	*prep.*	as	15